La dimensión extraterritorial del Derecho de la Unión Europea: el «Efecto Bruselas» en el contexto internacional

La dimensión extraterritorial del Derecho de la Unión Europea: el «Efecto Bruselas» en el contexto internacional

Alfonso Ortega Giménez

Atelier
LIBROS JURÍDICOS

Este libro ha sido sometido a un riguroso proceso de revisión por pares.

© 2026 Alfonso Ortega Giménez

© 2026 Atelier
       Santa Dorotea 8, 08004 Barcelona
       e-mail: editorial@atelierlibros.es
       www.atelierlibrosjuridicos.com
       Tel. 93 295 45 60

I.S.B.N.: 979-13-88096-10-5

Depósito legal: B 893-2026

Impresión: Winihard

ÍNDICE

6. EL FUTURO DEL «EFECTO BRUSELAS»: DESAFÍOS Y OPORTUNIDADES EN UN MUNDO EN TRANSFORMACIÓN 133

ABREVIATURAS

AEPD: Agencia Española de Protección de Datos

CEE: Comunidad Económica Europea

CSDDD: Directiva sobre diligencia debida de las empresas en materia de sostenibilidad

CSRD: Directiva de Informes de Sostenibilidad Empresarial

DMA: Ley de Mercados Digitales

DOP: Denominaciones de Origen Protegidas

ERTA: European Road Transport Agreement (Acuerdo Europeo sobre Transporte por Carretera)

IGP: Indicaciones Geográficas Protegidas

OMC: Organización Mundial del Comercio

OCDE: Organización para la Cooperación y el Desarrollo Económicos

PESC: Política Exterior y de Seguridad Común

RGPD: Reglamento General de Protección de Datos

RSC: Responsabilidad Social Corporativa

TFUE: Tratado de Funcionamiento de la Unión Europea

TJUE: Tribunal de Justicia de la Unión Europea

TUE: Tratado de la Unión Europea

UE: Unión Europea

UEM: Unión Económica y Monetaria

UNCTAD: Conferencia de las Naciones Unidas sobre Comercio y Desarrollo

1.
INTRODUCCIÓN

La eficacia extraterritorial del Derecho de la Unión Europea (en adelante, UE), conocida como el «Efecto Bruselas», representa un fenómeno jurídico complejo y de creciente relevancia en el actual escenario globalizado. Este fenómeno, lejos de ser un evento reciente, tiene sus raíces en la propia evolución del proyecto europeo. Desde sus inicios como Comunidad Económica Europea, la Unión Europea ha experimentado una profunda transformación hacia una mayor integración, abarcando no solo la esfera económica, sino también ámbitos como la política exterior, la seguridad y los Derechos fundamentales[1]. Esta progresiva integración, unida a la intensificación de la interdependencia económica global, ha impulsado la proyección del Derecho de la UE más allá de sus fronteras geográficas, generando un impacto palpable en la legislación y las prácticas de terceros países, incluyendo aquellos que no forman parte del bloque.

En este contexto, el «Efecto Bruselas» surge como una manifestación tangible de la influencia normativa de la UE a nivel internacional. A través de este fenómeno, la normativa y los estándares europeos trascienden las fronteras de la UE, impactando en la legislación y las prácticas de terceros países[2]. Hornkohl[3] define el «Efecto Bruselas» como la respuesta a la pregunta de «si y en qué medida el Derecho de la UE se aplica más allá del territorio de la UE», profundizando en el análisis de los instrumentos legales y su interpretación por el Tribunal de Justicia de la Unión Europea (TJUE).

Es importante destacar que la influencia del Derecho de la UE no siempre se materializa a través de la aplicación extraterritorial directa de sus normas.

---

1. *Vid.* Chalmers D, Davies G, Monti G., *European Union Law*, Cambridge University Press, Cambridge, 2010.

2. *Vid.* Bartels L., «The EU's Human Rights Obligations in Relation to Policies with Extraterritorial Effects», en *Eur J Int Law*, 2014, 25(4), pp. 1071-1091.

3. *Vid.* Hornkohl L., «The Extraterritorial Application of Statutes and Regulations in EU Law», en *Max Planck Institute Luxembourg for Procedural Law Research Paper Series*, 2022; (1).

En muchos casos, el «Efecto Bruselas» se manifiesta a través de mecanismos indirectos, como la adaptación de la legislación interna de terceros países para ajustarse a los estándares europeos. Esta adaptación puede estar motivada por diversas razones, como la búsqueda de acceso al mercado único europeo, el deseo de armonizar las regulaciones con un socio comercial importante o la presión de las empresas multinacionales que operan a nivel global y buscan unificar sus prácticas para cumplir con las normas más estrictas.

La creciente relevancia del «Efecto Bruselas» se hace patente en su impacto en áreas cruciales para la gobernanza global, como el comercio internacional, la protección del medio ambiente, los Derechos humanos y la seguridad. Un ejemplo paradigmático de este impacto se observa en el ámbito de las relaciones laborales, donde la digitalización del trabajo y la expansión de las empresas han impulsado nuevas formas de trabajo transfronterizo. El teletrabajo, donde los empleados trabajan a distancia para empresas ubicadas en otras jurisdicciones y la externalización de servicios a terceros países, donde las empresas contratan a proveedores externos para realizar funciones específicas, han planteado nuevos retos para la aplicación extraterritorial del Derecho de la UE.

El Reglamento General de Protección de Datos (en lo sucesivo, RGPD)[4] ilustra de manera clara la complejidad del «Efecto Bruselas» en el ámbito laboral. Esta normativa, concebida para proteger los datos personales de los ciudadanos europeos, tiene un impacto directo en el teletrabajo transfronterizo y la externalización de servicios. El RGPD obliga a las empresas que operan fuera de la UE, incluyendo aquellas que contratan a trabajadores remotos o externalizan servicios, a cumplir con sus disposiciones si tratan datos personales de ciudadanos europeos. Este alcance extraterritorial ha generado un debate sobre la soberanía de los Estados terceros y la capacidad de la UE para imponer sus normas a nivel global.

La expansión del «Efecto Bruselas» se ha traducido en la adaptación de terceros países a los estándares europeos, especialmente en áreas como la protección de datos. Países como India, que se ha convertido en un centro neurálgico de la industria tecnológica global, han tenido que modificar su legislación para garantizar un nivel adecuado de protección de datos y poder seguir colaborando con empresas europeas. Este proceso de adaptación demuestra la influencia de la UE en la configuración de la normativa global en materia de protección de datos, impulsando la convergencia hacia estándares más estrictos en beneficio de los ciudadanos.

Estados Unidos, a pesar de la invalidación del acuerdo *Privacy Shield* por parte del TJUE en el caso *Schrems II*, sigue siendo un destino fundamental para la transferencia de datos desde la UE. Esta realidad ha forzado a las empresas

---

4. Reglamento (UE) 2016/679 del Parlamento Europeo y del Consejo, de 27 de abril de 2016, relativo a la protección de las personas físicas en lo que respecta al tratamiento de datos personales y a la libre circulación de estos datos y por el que se deroga la Directiva 95/46/CE (Reglamento general de protección de datos). DOUE L119 de 4 de mayo de 2016.

estadounidenses a realizar esfuerzos significativos para adecuar sus prácticas a las exigencias del RGPD, conscientes de la importancia del mercado europeo y la necesidad de garantizar la protección de los datos personales de los ciudadanos de la UE.

En el ámbito del comercio internacional, el «Efecto Bruselas» se manifiesta con especial fuerza en la aplicación extraterritorial del Derecho de la competencia. La UE ha demostrado su determinación en la defensa de un mercado único libre de prácticas anticompetitivas, aplicando su normativa a empresas con sede fuera de la UE cuando sus acciones tienen un impacto negativo en el mercado interior[5]. Casos como el de *Wood Pulp* (C-89/85), son ejemplos de la jurisprudencia del TJUE que ha establecido el principio del «efecto constitutivo». Este principio establece que la normativa de la UE puede aplicarse a conductas realizadas fuera del territorio del bloque si estas tienen un efecto directo, sustancial y previsible en el mercado interior, reafirmando la primacía del Derecho comunitario y su capacidad para regular la competencia a nivel global.

La protección del medio ambiente es otra área en la que el «Efecto Bruselas» ha tenido un impacto significativo. La UE, pionera en la adopción de normas ambientales ambiciosas, ha aplicado extraterritorialmente algunas de sus directivas y reglamentos ambientales más importantes. La Directiva de Aves (2009/147/CE) y la Directiva Marco del Agua (2000/60/CE), son ejemplos de normas que, a pesar de estar diseñadas para proteger el medio ambiente europeo, se han aplicado a actividades realizadas fuera del territorio de la UE cuando estas pueden tener un impacto negativo en el medio ambiente europeo. Esta aplicación extraterritorial se fundamenta en la naturaleza transfronteriza de los problemas ambientales y en la necesidad de una acción colectiva para proteger los ecosistemas compartidos.

Además de la aplicación directa de sus normas, la UE ha utilizado su poder normativo para promover estándares ambientales más estrictos a nivel global. En sus acuerdos comerciales con terceros países, la UE ha incluido cláusulas ambientales que obligan a sus socios comerciales a respetar ciertos estándares ambientales mínimos. Esta práctica, que ha generado un debate sobre el uso de la política comercial para promover objetivos ambientales, ilustra la influencia de la UE en la configuración de la agenda ambiental global[6].

El impacto del «Efecto Bruselas» en el ámbito de los Derechos humanos es innegable. La UE, a través de su Carta de los Derechos fundamentales y su jurisprudencia, ha establecido un alto nivel de protección de los Derechos fundamentales que se ha proyectado hacia terceros países a través de diferentes mecanismos[7]. El RGPD, como ya se ha mencionado, es un ejemplo claro de esta proyección, pero también se pueden encontrar ejemplos en otros ámbitos

---

5. *Vid.* Craig P, De Búrca G., *EU Law: Text, Cases, and Materials*, 5ª ed., Oxford University Press, Oxford, 2011.

6. *Vid.* Shaw MN., *International Law*, 8ª ed., Cambridge University Press, Cambridge, 2017.

7. *Vid.* Dixon M, McCorquodale R., *Cases and Materials on International Law*, 6ª ed., Oxford University Press, Oxford, 2019.

tales como: la lucha contra la discriminación, la protección de los derechos de los trabajadores o la promoción de la libertad de expresión.

La entrada en vigor del RGPD ha tenido un impacto global en la regulación de la protección de datos, impulsando a muchas empresas a nivel mundial a adaptar sus prácticas de privacidad para cumplir con los estándares europeos[8]. Este fenómeno ha consolidado la posición de la UE como líder en la protección de datos personales, estableciendo un modelo que ha inspirado a otras jurisdicciones a adoptar normas similares.

Por último, el «Efecto Bruselas» también ha tenido repercusiones en el área de la seguridad. La UE ha adoptado normas que regulan la exportación de tecnologías de doble uso, que podrían ser utilizadas con fines militares o para la violación de Derechos humanos, y ha impuesto sanciones a terceros países por violaciones graves de Derechos humanos. Estas medidas, aunque se basan en la competencia de la UE para regular su comercio exterior, tienen un claro componente extraterritorial, ya que se orientan a influir la conducta de actores fuera de la UE con el objetivo de proteger sus intereses de seguridad y promover los Derechos humanos a nivel global.

En definitiva, el «Efecto Bruselas» se erige como un fenómeno jurídico complejo y multifacético, que refleja la creciente influencia de la Unión Europea en el escenario global. Su impacto en áreas tan diversas como el comercio internacional, la protección del medio ambiente, los Derechos humanos y la seguridad, lo convierten en un tema de gran interés para académicos, profesionales del derecho, responsables políticos y la sociedad en general. No obstante, el «Efecto Bruselas» no está exento de controversias, ya que plantea importantes interrogantes sobre los límites de la jurisdicción extraterritorial, el respeto a la soberanía de los Estados terceros y la legitimidad de la proyección del Derecho de la UE a nivel global. Estas controversias, junto con la complejidad del fenómeno y su impacto en diversos ámbitos, justifican la necesidad de una investigación profunda y rigurosa sobre la eficacia extraterritorial del Derecho de la Unión Europea, sus fundamentos, su alcance, sus límites y sus implicaciones prácticas.

Este trabajo de investigación tiene como objetivo principal analizar en profundidad la eficacia extraterritorial de las normas de Derecho de la Unión Europea, conocido como el «Efecto Bruselas», examinando su fundamento jurídico, alcance, límites e implicaciones prácticas en diferentes ámbitos. Para alcanzar este propósito, se han definido los siguientes objetivos:

1. Analizar el fundamento jurídico del «Efecto Bruselas»: Se estudiarán los principios generales del Derecho de la Unión Europea, las competencias de la Unión y la jurisprudencia del TJUE que sustentan la aplicación extraterritorial de la normativa comunitaria.

---

8. *Vid.* Taylor M., «The EU's Human Rights Obligations in Relation to Its Data Protection Laws with Extraterritorial Effect», en *Int Data Priv Law*, 2015; 5(4), pp. 246-256.

2. Delimitar el alcance del «Efecto Bruselas»: Se examinarán los ámbitos del Derecho de la Unión Europea en los que se ha reconocido el «Efecto Bruselas», tanto en su dimensión material (competencia, medio ambiente, Derechos fundamentales, entre otros) como territorial.
3. Identificar los límites del «Efecto Bruselas»: Se analizarán los límites a la aplicación extraterritorial del Derecho de la Unión Europea, considerando el respeto al Derecho internacional Público, la soberanía de los Estados terceros, el principio de no injerencia en asuntos internos, así como los principios de cortesía internacional y la aplicación razonable de la normativa de la UE en el contexto extraterritorial.
4. Examinar la aplicación del «Efecto Bruselas» en áreas específicas del Derecho: Se analizará la aplicación del «Efecto Bruselas» en áreas específicas del Derecho de la UE, como el Derecho de la competencia, el Derecho Ambiental y la protección de datos.
5. Evaluar las implicaciones prácticas del «Efecto Bruselas»: Se analizarán las consecuencias prácticas del «Efecto Bruselas» para las empresas, los ciudadanos y los Estados, tanto dentro como fuera de la UE.

Para abordar la complejidad del y lograr un análisis exhaustivo y crítico de su alcance e implicaciones, la presente investigación adopta una metodología cualitativa basada en el enfoque doctrinal y el análisis jurisprudencial[9]. Este enfoque se fundamenta en la naturaleza del fenómeno estudiado, que se caracteriza por ser un concepto jurídico en desarrollo, carente de una definición unificada y que se manifiesta de forma diversa en diferentes ámbitos del Derecho de la Unión Europea[10].

En este sentido, el enfoque doctrinal permitirá examinar en profundidad las diferentes teorías y debates académicos sobre la eficacia extraterritorial del Derecho de la UE, analizando las diferentes perspectivas y argumentos que se han planteado en la literatura jurídica especializada. Este análisis se basará en la revisión exhaustiva de obras generales sobre Derecho de la Unión Europea, como las de Chalmers et al.[11] y Craig y De Búrca[12], así como en la consulta de artículos académicos y monografías que abordan específicamente el «Efecto Bruselas» y la extraterritorialidad del Derecho de la UE.

En resumen, el objetivo de este trabajo es comprender el marco conceptual del «Efecto Bruselas», identificar las principales controversias y debates en torno a su aplicación, y analizar los diferentes enfoques que se han propuesto para

---

9. *Vid.* Chalmers D, Davies G, Monti G., *European Union Law*, Cambridge University Press, Cambridge, 2010.

10. *Vid.* Hornkohl L. «The Extraterritorial Application of Statutes and Regulations in EU Law», en *Max Planck Institute Luxembourg for Procedural Law Research Paper Series*, 2022;(1).

11. *Vid.* Chalmers D, Davies G, Monti G., *European Union Law*, Cambridge University Press, Cambridge, 2010.

12. *Vid.* Craig P, De Búrca G., *EU Law: Text, Cases, and Materials*, 5ª ed., Oxford University Press, Oxford, 2011.

delimitar su alcance y sus límites. Se prestará especial atención a las diferentes definiciones que se han propuesto para el «Efecto Bruselas», analizando sus puntos en común y sus diferencias. También se analizarán las diferentes justificaciones que se han dado para la aplicación extraterritorial del Derecho de la UE, incluyendo la necesidad de proteger el mercado interior, la defensa de los intereses de los ciudadanos europeos y la promoción de los valores de la UE a nivel global.

En complemento al enfoque doctrinal, el análisis jurisprudencial se presenta como un elemento crucial para comprender la aplicación práctica del «Efecto Bruselas». La jurisprudencia del Tribunal de Justicia de la Unión Europea (TJUE) es la principal fuente de derecho en este ámbito, ya que es el órgano encargado de interpretar y aplicar el Derecho de la UE, incluyendo las normas que tienen efectos extraterritoriales. A través del análisis de los casos clave del TJUE que han abordado el «Efecto Bruselas», se podrán identificar los criterios que el Tribunal utiliza para determinar la aplicabilidad extraterritorial del Derecho de la UE, así como los límites que ha establecido a esta aplicación[13].

La selección de la jurisprudencia relevante se realizará a través de una búsqueda en las bases de datos de jurisprudencia del TJUE. Este análisis jurisprudencial se centrará en la identificación de patrones, tendencias y argumentos recurrentes en la jurisprudencia del TJUE, buscando una comprensión profunda de la evolución y la aplicación práctica del «Efecto Bruselas» en diferentes ámbitos del Derecho de la UE. Se prestará especial atención a la evolución de la jurisprudencia del TJUE en relación con el «Efecto Bruselas», analizando si se han producido cambios en los criterios utilizados por el Tribunal para determinar la aplicabilidad extraterritorial del Derecho de la UE. También se analizará si la jurisprudencia del TJUE es coherente en la aplicación del «Efecto Bruselas» en diferentes ámbitos del Derecho de la UE.

La combinación del enfoque doctrinal y el análisis jurisprudencial permitirá construir un análisis sólido y bien documentado del «Efecto Bruselas», abordando tanto su dimensión teórica como su aplicación práctica. Para contextualizar el «Efecto Bruselas» en el marco del Derecho internacional público, también se revisarán obras generales sobre este campo, como las de Shaw[14] y Dixon y McCorquodale[15], analizando cómo se articula el «Efecto Bruselas» con las normas y principios del Derecho internacional, incluyendo la soberanía de los Estados, la jurisdicción extraterritorial y los principios de cortesía internacional.

Se examinará si el «Efecto Bruselas» es compatible con las normas y principios del Derecho internacional público, analizando si la aplicación extraterritorial del Derecho de la UE puede considerarse una violación de la soberanía de los Estados terceros. También se analizará cómo el «Efecto Bruselas» interac-

---

    13. *Vid.* Craig P, De Búrca G., *EU Law: Text, Cases, and Materials*, 5ª ed., Oxford University Press, Oxford, 2011.

    14. *Vid.* Shaw MN., *International Law*, 8ª ed., Cambridge University Press, Cambridge, 2017.

    15. *Vid.* Dixon M, McCorquodale R., *Cases and Materials on International Law*, 6ª ed., Oxford University Press, Oxford, 2019.

túa con otras fuentes del Derecho internacional público, como los tratados internacionales y la costumbre internacional.

Además, este trabajo de investigación se nutrirá de la revisión de otros documentos relevantes para la comprensión del «Efecto Bruselas», como informes de instituciones internacionales, documentos de trabajo de la Comisión Europea y análisis de expertos en la materia. Estos documentos pueden ofrecer información valiosa sobre la aplicación práctica del «Efecto Bruselas», así como sobre las perspectivas de diferentes actores (Estados, empresas, organizaciones no gubernamentales) sobre el fenómeno. La selección de estos documentos se hará con criterios de rigor académico, priorizando aquellos que aporten información relevante, actualizada y de calidad para el desarrollo de la investigación.

Se utilizarán bases de datos especializadas en Derecho europeo e internacional, así como buscadores académicos para asegurar la exhaustividad y la calidad de la búsqueda bibliográfica. Entre las instituciones internacionales cuyas publicaciones serán relevantes para la investigación se encuentran: la Organización Mundial del Comercio (OMC), la Organización para la Cooperación y el Desarrollo Económico (OCDE) y la Conferencia de las Naciones Unidas sobre Comercio y Desarrollo (UNCTAD). También se consultarán las páginas web de la Comisión Europea, el Parlamento Europeo y el TJUE para obtener información actualizada sobre la legislación, la jurisprudencia y las políticas de la UE en relación con el «Efecto Bruselas».

En cuanto a la metodología de análisis, se utilizará un enfoque crítico y comparativo, examinando las diferentes perspectivas y argumentos que se han planteado en la literatura jurídica y en la jurisprudencia. Se buscará identificar las fortalezas y debilidades de cada enfoque, así como las posibles tensiones y contradicciones que puedan surgir en la aplicación práctica del «Efecto Bruselas». El objetivo final es ofrecer una visión clara, precisa y bien fundamentada del «Efecto Bruselas», contribuyendo al debate académico y a la comprensión de este fenómeno jurídico en constante evolución.

Es de reseñar, finalmente, que se utilizará un enfoque hermenéutico para la interpretación de las normas jurídicas y la jurisprudencia, considerando el contexto histórico, político y social en el que se han desarrollado. Se tendrá en cuenta la evolución del Derecho de la UE y del Derecho internacional Público para comprender la dinámica del «Efecto Bruselas» y sus implicaciones para la gobernanza global. Se analizarán las implicaciones del «Efecto Bruselas» para el desarrollo de un orden jurídico internacional más justo y equitativo, considerando las diferentes perspectivas de los países desarrollados y los países en desarrollo.

2.
FUNDAMENTO JURÍDICO DEL «EFECTO BRUSELAS»

2.1. PRINCIPIOS GENERALES DEL DERECHO DE LA UNIÓN EUROPEA.

El «Efecto Bruselas», como manifestación de la eficacia extraterritorial del Derecho de la UE, se cimienta en los principios generales que definen la naturaleza y el funcionamiento del ordenamiento jurídico comunitario. Estos principios, consolidados a través de la jurisprudencia del Tribunal de Justicia de la Unión Europea (en lo sucesivo, TJUE), conforman un sistema jurídico propio y autónomo, con características que lo distinguen de los ordenamientos jurídicos nacionales de los Estados miembros y del Derecho internacional Público[16].

Los principios generales del Derecho de la UE no solo garantizan la aplicación uniforme y efectiva del Derecho comunitario en todo el territorio de la Unión, sino que también fundamentan su proyección hacia terceros países, sustentando la capacidad de la UE para influir en la legislación y las prácticas a nivel global. Entre los principios generales que sustentan el «Efecto Bruselas», destacan el principio de primacía, el principio de efecto directo y el principio de autonomía del Derecho de la Unión Europea.

---

16. *Vid*. Pintos Santiago J., «El resurgimiento de los principios generales y los Derechos fundamentales en el nuevo derecho de la Unión Europea», en *Revista Jurídica Castilla-La Mancha*, 2015; 57, pp. 203-239.

2.1.1. Principio de primacía.

El principio de primacía, piedra angular del ordenamiento jurídico comunitario, establece la superioridad jerárquica del Derecho de la Unión Europea sobre el Derecho interno de los Estados miembros[17]. Este principio, consagrado por el TJUE en la emblemática sentencia *Costa/ENEL* de 1964[18], ha sido reafirmado en una extensa jurisprudencia, convirtiéndose en un elemento fundamental para garantizar la aplicación uniforme y efectiva del Derecho de la UE en todo su territorio.

La primacía del Derecho de la UE se extiende no solo a las normas del Derecho originario (Tratados), sino también a las normas del Derecho derivado (reglamentos, directivas y decisiones). En caso de conflicto entre una norma de la UE y una norma nacional, los jueces nacionales tienen la obligación de inaplicar la norma interna y aplicar la norma comunitaria, asegurando la prevalencia del Derecho de la UE en todo el territorio del bloque[19].

La primacía del Derecho de la UE no se limita a las normas expresamente contenidas en los Tratados o en los actos jurídicos derivados. Este principio se extiende también a los principios generales del Derecho comunitario, que el TJUE ha ido desarrollando a lo largo de su jurisprudencia como parte esencial del ordenamiento jurídico de la Unión[20]. Estos principios, que encuentran su fundamento en las tradiciones constitucionales comunes de los Estados miembros y en los instrumentos internacionales de Derechos humanos, complementan y enriquecen el Derecho de la UE, asegurando un alto nivel de protección de los Derechos fundamentales.

El principio de primacía, al establecer la aplicación preferente del Derecho de la UE sobre las normas nacionales, es esencial para comprender el fundamento jurídico del «Efecto Bruselas». La primacía del Derecho comunitario implica que los Estados miembros tienen la obligación de aplicar las normas de la UE que tienen efectos extraterritoriales, incluso cuando estas normas entren en conflicto con las normas internas. Esta obligación de aplicar el Derecho de la UE, incluso en el ámbito extraterritorial, se deriva del compromiso de los Estados miembros con el proyecto europeo y con la construcción de un ordenamiento jurídico comunitario único, coherente y efectivo.

---

17. TJCE. Sentencia de 15 de julio de 1964. Asunto 6/64, Flaminio Costa c. E.N.E.L. Rec. 1964, p. 585-595.

18. TJCE. Sentencia de 15 de julio de 1964. Asunto 6/64, Flaminio Costa c. E.N.E.L. Rec. 1964, p. 585-595.

19. *Vid.* Chalmers D, Davies G, Monti G., «European Union Law», Cambridge University Press, Cambridge, 2010.

20. *Vid.* Jimena Quesada L., «La consagración de los Derechos fundamentales: de principios generales a texto fundacional de la Unión Europea», en *Cuadernos Europeos de Deusto*, 2014; 50, pp. 173-197.

2.1.2. Principio de efecto directo.

El principio de efecto directo, complemento esencial del principio de primacía, faculta a ciertas normas del Derecho de la UE para crear derechos y obligaciones directamente exigibles para los particulares ante los tribunales nacionales[21]. Este principio, establecido por el TJUE en la sentencia *Van Gend en Loos* de 1963[22], ha tenido un impacto crucial en la eficacia del Derecho de la UE, permitiendo a los ciudadanos invocar directamente las normas comunitarias ante los tribunales nacionales, sin necesidad de que estas normas sean transpuestas al Derecho interno. El efecto directo garantiza la aplicabilidad uniforme y directa del Derecho de la UE en todo el territorio de la Unión, fortaleciendo la protección de los derechos de los ciudadanos y asegurando la supremacía del Derecho comunitario.

El TJUE ha establecido criterios claros para determinar qué normas del Derecho de la UE tienen efecto directo. Para que una norma sea directamente aplicable, debe ser clara, precisa e incondicional[23]. La claridad y la precisión implican que la norma debe ser suficientemente específica para que los particulares puedan comprender sus derechos y obligaciones, mientras que la incondicionalidad implica que la norma no debe estar sujeta a ninguna condición o reserva por parte de los Estados miembros.

El principio de efecto directo es clave para la eficacia del Derecho de la UE, tanto dentro como fuera de su territorio. Las normas de la UE con efecto directo pueden crear derechos y obligaciones para los particulares que se encuentren fuera del territorio de la UE, siempre que se cumplan las condiciones para la aplicación extraterritorial de la norma. El Reglamento General de Protección de Datos (RGPD), por ejemplo, tiene un alcance extraterritorial explícito y puede ser invocado por ciudadanos europeos ante los tribunales de terceros países para la protección de sus datos personales, aunque el RGPD no haya sido incorporado al Derecho interno de esos países.

2.1.3. Principio de autonomía.

El principio de autonomía del Derecho de la UE implica que el ordenamiento jurídico comunitario es un sistema jurídico independiente, con características propias que lo distinguen de los ordenamientos nacionales de los Estados

---

21. TJCE. Sentencia de 5 de febrero de 1963. Asunto 26/62, NV Algemene Transport -en Expeditie Ondernemig van Gend & Loos c/ Administración Fiscal neerlandesa. Rec. 1963, pp. 1-26.

22. TJCE. Sentencia de 5 de febrero de 1963. Asunto 26/62, NV Algemene Transport -en Expeditie Ondernemig van Gend & Loos c/ Administración Fiscal neerlandesa. Rec. 1963, pp. 1-26.

23. *Vid.* Craig P, De Búrca G., *EU Law: Text, Cases, and Materials*, 5ª ed. Oxford University Press, Oxford, 2011.

miembros y del Derecho internacional Público[24]. El Derecho de la UE se fundamenta en sus propios principios, reglas e instituciones, y no puede ser modificado o derogado por las normas internas de los Estados miembros ni por las normas del Derecho internacional, excepto en los casos expresamente previstos en los Tratados.

Este principio, consecuencia lógica de la naturaleza supranacional de la Unión Europea, es esencial para la construcción de un ordenamiento jurídico comunitario único y efectivo. La autonomía del Derecho de la UE garantiza que sus normas, incluidas aquellas con efectos extraterritoriales, sean aplicables de manera uniforme en todo el territorio de la Unión, independientemente de las particularidades del Derecho interno de cada Estado miembro.

El principio de autonomía también define la relación del Derecho de la UE con el Derecho internacional público. El TJUE ha establecido la primacía del Derecho comunitario sobre el Derecho internacional, excepto en los casos en que los Tratados dispongan lo contrario o cuando la UE haya asumido expresamente una obligación internacional[25]. Esta jurisprudencia, que ha generado un intenso debate sobre la relación entre ambos ordenamientos, es crucial para la comprensión del «Efecto Bruselas», ya que implica que la aplicación extraterritorial del Derecho de la UE, en principio, no está limitada por las normas del Derecho internacional.

2.1.4. La interrelación de los principios y el «Efecto Bruselas»

Los principios de primacía, efecto directo y autonomía del Derecho de la UE, al construir un sistema jurídico comunitario único, independiente y directamente aplicable, son pilares fundamentales para la eficacia del Derecho de la UE, incluyendo su aplicación extraterritorial. Estos principios dotan al Derecho comunitario de una fuerza vinculante que trasciende las fronteras de la UE, permitiendo que las normas europeas, incluso aquellas con efectos extraterritoriales, influyan en la conducta de los particulares y en la regulación de las actividades económicas y sociales a nivel global.

En el contexto del «Efecto Bruselas», estos principios operan como la base jurídica sobre la que se sustenta la capacidad de la UE para proyectar su normativa más allá de sus fronteras. La primacía del Derecho de la UE obliga a los Estados miembros a aplicar las normas comunitarias con efectos extraterritoriales, incluso cuando estas normas entren en conflicto con las normas internas. El efecto directo, por su parte, permite a los particulares invocar directamente las normas de la UE con alcance extraterritorial ante los tribunales

---

24. *Vid.* Pintos Santiago J., «El resurgimiento de los principios generales y los Derechos fundamentales en el nuevo derecho de la Unión Europea», en *Rev. Jurídica Castilla-La Mancha*, 2015; 57, pp. 203-239.

25. *Vid.* Craig P, De Búrca G., *EU Law: Text, Cases, and Materials*, 5ª ed., Oxford University Press, Oxford, 2011.

nacionales, incluso en terceros países. Y la autonomía del Derecho de la UE garantiza que la aplicación extraterritorial de la normativa comunitaria no está limitada por el Derecho internacional Público, salvo en los casos expresamente previstos.

El «Efecto Bruselas», como manifestación de la creciente influencia normativa de la UE en el mundo, no está exento de límites. La aplicación extraterritorial del Derecho de la UE debe respetar el Derecho internacional Público, la soberanía de los Estados terceros y el principio de no injerencia en asuntos internos. El TJUE, en su jurisprudencia, ha ido definiendo los límites del «Efecto Bruselas», buscando un equilibrio entre la defensa de los intereses de la UE y el respeto al ordenamiento jurídico internacional. Este equilibrio, esencial para la legitimidad del «Efecto Bruselas», se construye a través de la interpretación de los principios generales del Derecho de la UE, las competencias de la Unión y las normas del Derecho internacional público.

En definitiva, los principios generales del Derecho de la Unión Europea son la base jurídica sobre la que se cimienta el «Efecto Bruselas», un fenómeno complejo y dinámico que refleja la creciente influencia normativa de la UE en el mundo globalizado. La comprensión de estos principios es indispensable para analizar el «Efecto Bruselas», sus fundamentos, su alcance, sus límites y sus implicaciones para la gobernanza global.

Para facilitar la comprensión de la interrelación entre los principios fundamentales del Derecho de la UE y su relevancia en el contexto del «Efecto Bruselas», la siguiente tabla resume las características clave de cada principio, incluyendo ejemplos jurisprudenciales ilustrativos:

Tabla 1. Comparativa de los principios del Derecho de la UE

Principio	Características	Interrelación con otros principios	Relevancia para el «Efecto Bruselas»	Jurisprudencia relevante
Primacía	El Derecho de la UE prevalece sobre el Derecho nacional en caso de conflicto. Aplica tanto al Derecho originario como al derivado y a los principios generales del Derecho de la UE.	El efecto directo y la autonomía refuerzan la primacía, al garantizar que el Derecho de la UE se aplique de forma uniforme e inmediata en toda la Unión.	Fundamenta la obligación de los Estados miembros de aplicar el Derecho de la UE con alcance extraterritorial, incluso si entra en conflicto con el Derecho nacional.	*Costa c. ENEL* (6/64), *Simmenthal* (106/77), *Internationale Handelsgesellschaft* (11/70)

Efecto directo	Ciertas normas de la UE crean derechos y obligaciones directamente exigibles para los particulares ante los tribunales nacionales. Requiere que la norma sea clara, precisa e incondicional.	La primacía garantiza que las normas con efecto directo se apliquen con preferencia al Derecho nacional. La autonomía refuerza el efecto directo al establecer la independencia del Derecho de la UE.	Permite a los particulares invocar normas de la UE con alcance extraterritorial ante tribunales nacionales, incluso en terceros países, siempre que se cumplan las condiciones de aplicación.	*Van Gend en Loos* (26/62), *Defrenne* (43/75), *Francovich* (C-6/90 y C-9/90)
Autonomía	El Derecho de la UE es un ordenamiento jurídico propio e independiente del derecho nacional y del Derecho internacional. Se basa en sus propios principios, reglas e instituciones.	La primacía y el efecto directo se derivan de la autonomía del Derecho de la UE. La autonomía garantiza que el Derecho de la UE se interprete y aplique de forma uniforme.	Refuerza la aplicabilidad extraterritorial del Derecho de la UE al establecer su independencia del derecho nacional y, en principio, del Derecho internacional.	*ERTA* (22/70), *Opinion 1/91* (Competencia de la OMC)

Fuente: Elaboración propia.

2.2. COMPETENCIAS DE LA UNIÓN EUROPEA.

La Unión Europea (UE), a diferencia de los Estados soberanos, es una organización internacional que opera bajo el principio de atribución de competencias. Este principio fundamental, consagrado en el artículo 5.2 del Tratado de la Unión Europea (TUE)[26], establece que la UE solo puede actuar dentro de los límites de las competencias que le han sido conferidas por los Estados miembros en los Tratados. El principio de atribución de competencias actúa como un límite fundamental al poder de la Unión, asegurando que la UE no pueda extralimitarse en sus funciones y que respete la soberanía de los Estados miembros, manteniendo un equilibrio en el reparto de competencias entre la UE y los Estados.

La aplicación extraterritorial del Derecho de la UE, conocida como el principio de extraterritorialidad, debe encontrar su fundamento en las competencias que la UE posee para regular una determinada materia. La existencia de una competencia específica de la Unión es un requisito indispensable para justificar la aplicación de la normativa comunitaria a personas, empresas o Estados que se encuentren fuera del territorio del bloque. Las competencias de la UE, lejos de ser un concepto estático, han experimentado una constante evolución a lo largo del tiempo, acompañando el proceso de integración del bloque y la expansión de su acción a nivel internacional[27].

---

26. Tratado de la Unión Europea (TUE), versión consolidada. *DOUE*. 2016; C 202:13-45.

27. *Vid.* Pintos Santiago J., «El resurgimiento de los principios generales y los Derechos fundamentales en el nuevo derecho de la Unión Europea», en *Rev. Jurídica Castilla-La Mancha*, 2015;

El análisis de las competencias de la UE, en conjunción con los principios generales del Derecho comunitario y la jurisprudencia del TJUE, es crucial para comprender la base jurídica del «Efecto Bruselas», sus fundamentos, su alcance y sus límites, así como para determinar su legalidad y legitimidad en cada caso concreto.

2.2.1. Tipos de competencias de la Unión Europea.

El Tratado de Funcionamiento de la Unión Europea (TFUE) establece un sistema de competencias que delimita el ámbito de acción de la UE y define su relación con los Estados miembros. El TFUE establece tres tipos de competencias: exclusivas, compartidas y de apoyo, coordinación y complemento. Cada tipo de competencia tiene características propias que definen el alcance de la acción de la UE y las posibilidades de aplicar la normativa comunitaria a situaciones que tengan una dimensión extraterritorial.

Competencias exclusivas

Las competencias exclusivas, descritas en el artículo 3 del TFUE, son aquellas áreas en las que la UE tiene el poder exclusivo para legislar y adoptar actos jurídicamente vinculantes[28]. En estos ámbitos, los Estados miembros pierden su capacidad para legislar, quedando la regulación de la materia reservada a la UE, incluso en aquellos aspectos que puedan tener implicaciones extraterritoriales. La lista de competencias exclusivas, si bien cerrada, abarca áreas de crucial importancia para la construcción del proyecto europeo y para la proyección de la UE a nivel internacional.

Entre los ámbitos de competencia exclusiva se encuentran la unión aduanera, la política comercial común, la política monetaria para los Estados miembros cuya moneda es el euro, la conservación de los recursos biológicos marinos en el marco de la política pesquera común, y la conclusión de acuerdos internacionales en los casos en que dicha conclusión esté prevista en un acto legislativo de la Unión, cuando sea necesaria para permitir a la Unión ejercer su competencia interna o en la medida en que pueda afectar a normas comunes o alterar su alcance[29].

La existencia de una competencia exclusiva en un determinado ámbito ofrece una base sólida para justificar la aplicación extraterritorial del Derecho de la UE, ya que la Unión es la única autoridad con capacidad para regular la materia, tanto dentro como fuera de su territorio. Un ejemplo claro se puede

57, pp. 203-239.

28. Tratado de Funcionamiento de la Unión Europea (TFUE), versión consolidada. *DOUE*. 2016; C 202:47-190.

29. Tratado de Funcionamiento de la Unión Europea (TFUE), versión consolidada. *DOUE*. 2016; C 202:47-190.

observar en el ámbito del Derecho de la competencia, donde la competencia exclusiva de la UE para establecer las normas de competencia aplicables en el mercado interior ha permitido al TJUE aplicar la normativa comunitaria a empresas con sede fuera de la UE, cuando sus prácticas comerciales han tenido un impacto negativo en el mercado interior[30].

En este contexto, el TJUE ha desarrollado el principio del «efecto», que establece que la normativa comunitaria puede aplicarse a conductas realizadas fuera del territorio de la UE, si estas conductas tienen un impacto real en el mercado interior. Este principio, que ha sido aplicado en numerosos casos de competencia, ilustra la capacidad de la UE para extender su jurisdicción más allá de sus fronteras, cuando la acción de la Unión es necesaria para garantizar la eficacia de las normas comunitarias.

Competencias compartidas

Las competencias compartidas, enumeradas en el artículo 4 del TFUE, son aquellas áreas en las que la UE comparte la competencia para legislar y adoptar actos jurídicamente vinculantes con los Estados miembros[31]. En estos ámbitos, tanto la UE como los Estados miembros pueden dictar normas, pero la Unión tiene primacía sobre la acción de los Estados miembros. El TFUE establece una lista de ámbitos de competencia compartida que abarca una amplia variedad de materias, reflejando la complejidad de la construcción europea y la necesidad de un enfoque flexible para el reparto de competencias entre la UE y los Estados.

Entre los ámbitos de competencia compartida se encuentran el mercado interior, la política social, la cohesión económica, social y territorial, la agricultura y la pesca, el medio ambiente, la protección de los consumidores, los transportes, las redes transeuropeas, la energía, el espacio de libertad, seguridad y justicia, y las cuestiones comunes de seguridad en materia de salud pública.

La existencia de una competencia compartida en un determinado ámbito no implica, por sí sola, que la UE pueda aplicar sus normas de forma extraterritorial. Para que la aplicación extraterritorial del Derecho de la UE esté justificada en el ámbito de las competencias compartidas, es necesario que se cumplan los siguientes requisitos:

— Cumplimiento del principio de subsidiariedad: La acción de la UE debe ser necesaria para alcanzar un objetivo común que no pueda ser logrado de manera suficiente por los Estados miembros de forma individual.

---

30. *Vid.* Craig P., De Búrca G., *EU Law: Text, Cases, and Materials*, 5ª ed., Oxford University Press, Oxford, 2011.
31. Tratado de Funcionamiento de la Unión Europea (TFUE), versión consolidada. *DOUE.* 2016; C 202:47-190.

— Respeto a la primacía del Derecho de la UE: Las normas de la UE, incluso aquellas con efectos extraterritoriales, prevalecen sobre las normas nacionales en caso de conflicto.

El principio de subsidiariedad, consagrado en el artículo 5.3 del TUE, actúa como un límite a la acción de la UE en el ámbito de las competencias compartidas, estableciendo que la Unión solo intervendrá si los objetivos de la acción propuesta no pueden ser alcanzados de manera suficiente por los Estados miembros, ni a nivel central, regional o local, sino que, debido a la dimensión o a los efectos de la acción propuesta, pueden lograrse mejor a nivel de la Unión[32]. Este principio, que busca garantizar que la UE no interfiera en las competencias de los Estados miembros, es un elemento fundamental para la legitimidad del «Efecto Bruselas» en el ámbito de las competencias compartidas.

La aplicación del principio de subsidiariedad en el contexto extraterritorial implica que la UE debe demostrar que la acción comunitaria es realmente necesaria para alcanzar un objetivo que no pueda ser logrado de manera satisfactoria por los Estados miembros de forma individual. La evaluación de la necesidad de la acción de la UE en el ámbito extraterritorial debe considerar la dimensión transfronteriza del problema que se pretende abordar, así como la capacidad de los Estados miembros para resolver el problema de forma coordinada.

Competencias de apoyo, coordinación y complemento

Las competencias de apoyo, coordinación y complemento, descritas en el artículo 6 del TFUE, son aquellas que permiten a la UE apoyar, coordinar o complementar la acción de los Estados miembros en áreas que son de su competencia[33]. En estos ámbitos, la UE no puede armonizar la legislación de los Estados miembros, sino que su actuación se limita a apoyar, coordinar o complementar las acciones de los Estados. El TFUE establece una lista cerrada de áreas en las que la UE tiene este tipo de competencias, entre las que se encuentran la protección y mejora de la salud humana, la industria, la cultura, el turismo, la educación, la formación profesional, la juventud y el deporte, la protección civil y la cooperación administrativa.

Las competencias de apoyo, coordinación y complemento ofrecen un margen de acción más limitado para la aplicación extraterritorial del Derecho de la UE, en comparación con las competencias exclusivas y compartidas. En estas áreas, la acción de la UE se limita a apoyar, coordinar o complementar la acción de los Estados miembros, que conservan la competencia principal para regular la materia. La aplicación extraterritorial del Derecho de la UE en este ámbito solo se justifica si se demuestra que es necesaria para apoyar, coordinar o

---

32. Tratado de la Unión Europea (TUE), versión consolidada. *DOUE* 2016; C 202:13-45
33. Tratado de Funcionamiento de la Unión Europea (TFUE), versión consolidada. *DOUE*. 2016; C 202:47-190.

complementar la acción de los Estados miembros en un área donde la UE no tiene competencias para regular de forma directa.

Competencias implícitas y la Cláusula de flexibilidad

El principio de atribución de competencias, aunque establece que la UE solo puede actuar dentro de los límites de las competencias que le han sido conferidas en los Tratados, no implica que la Unión esté limitada a actuar solo en los ámbitos expresamente enumerados en el TFUE. El TJUE, a través de su jurisprudencia, ha reconocido la existencia de competencias implícitas, que se derivan de la necesidad de que la UE pueda cumplir con los objetivos que le han sido asignados en los Tratados, incluso cuando estos objetivos no estén expresamente vinculados a una competencia específica.

Las competencias implícitas permiten a la UE actuar en áreas no previstas expresamente en los Tratados, cuando esta acción sea necesaria para alcanzar un objetivo de la Unión. El reconocimiento de las competencias implícitas ha sido un elemento clave para la expansión del Derecho de la UE y para la extensión de su acción a nivel internacional.

La cláusula de flexibilidad, establecida en el artículo 352 del TFUE, complementa el principio de las competencias implícitas al ofrecer un mecanismo jurídico para que la UE pueda actuar en áreas donde los Tratados no hayan previsto los poderes de actuación necesarios. Esta cláusula, conocida también como «cláusula de residualidad», permite a la UE adoptar los actos necesarios para alcanzar uno de los objetivos de la Unión, cuando los Tratados no hayan previsto los poderes de actuación necesarios[34].

La cláusula de flexibilidad ha sido utilizada en numerosas ocasiones para ampliar el ámbito de acción de la UE, permitiendo a la Unión afrontar nuevos desafíos y desarrollar políticas en áreas no previstas expresamente en los Tratados. Sin embargo, la aplicación de esta cláusula ha generado un intenso debate jurídico y político, ya que algunos autores consideran que su uso ha conducido a una expansión excesiva de las competencias de la UE, desdibujando el principio de atribución de competencias.

El TJUE, en su jurisprudencia, ha establecido límites a la aplicación de la cláusula de flexibilidad, exigiendo que se cumplan los siguientes requisitos para que la acción de la UE basada en esta cláusula sea legal:

— Existencia de un objetivo de la UE: La acción de la UE debe estar dirigida a alcanzar un objetivo específico de la Unión, explícitamente establecido en los Tratados.

— Necesidad de la acción de la UE: La acción comunitaria debe ser necesaria para alcanzar el objetivo, es decir, no debe ser posible alcanzarlo

---

34. Tratado de Funcionamiento de la Unión Europea (TFUE), versión consolidada. *DOUE* 2016; C 202:47-190

mediante la acción de los Estados miembros, ni a nivel central, regional o local.

— Ausencia de poderes de actuación específicos: Los Tratados no deben haber previsto poderes de actuación específicos para que la UE pueda actuar en la materia.

— Respeto a los principios generales del Derecho de la UE: La acción de la UE debe respetar los principios generales del Derecho de la UE, como el principio de proporcionalidad, el principio de subsidiariedad y el principio de atribución de competencias.

La aplicación de la cláusula de flexibilidad para justificar la aplicación extraterritorial del Derecho de la UE debe analizarse con especial cautela. Es necesario demostrar que la acción de la UE en el ámbito extraterritorial es realmente indispensable para alcanzar un objetivo de la Unión, y que no existen otras vías para lograrlo, ni a través de la acción de los Estados miembros ni mediante la aplicación de otras competencias específicas de la UE.

La jurisprudencia del TJUE ha sido clave para delimitar el alcance de la cláusula de flexibilidad y evitar su uso abusivo. El Tribunal, en sus sentencias, ha insistido en la necesidad de que la acción de la UE basada en esta cláusula sea excepcional, aplicándose solo en aquellos casos en que se cumplan los requisitos establecidos y se justifique de forma razonada la necesidad de la intervención comunitaria.

2.2.2. Evolución de las competencias de la Unión Europea.

Las competencias de la UE han experimentado una notable evolución desde la creación de la Comunidad Económica Europea (CEE) en 1957. El Tratado de Roma, que estableció la CEE, preveía un ámbito de competencias limitado, centrado principalmente en la creación de un mercado común y la armonización de las políticas económicas de los Estados miembros.

Con el paso del tiempo, los Tratados han ido ampliando las competencias de la Comunidad, reflejando la voluntad de los Estados miembros de profundizar en la integración y afrontar nuevos desafíos a nivel europeo. Este proceso de expansión de las competencias ha ido acompañado de una creciente proyección del Derecho comunitario hacia terceros países, lo que ha dado lugar a una intensificación del «Efecto Bruselas».

El Acta Única Europea de 1986 introdujo importantes reformas que ampliaron las competencias de la Comunidad en áreas como el mercado interior, la política social y la política medioambiental. El Tratado de Maastricht de 1992, que estableció la Unión Europea, marcó un hito en la evolución de las competencias comunitarias, creando la Unión Económica y Monetaria (UEM) y estableciendo las bases para una política exterior y de seguridad común (PESC). El Tratado de Ámsterdam de 1997 profundizó en la integración en el ámbito de la libertad, seguridad y justicia, mientras que el Tratado de Niza de 2001 introdujo reformas institucionales para preparar la ampliación de la UE a los países de Europa Central y Oriental.

El Tratado de Lisboa, que entró en vigor en 2009, ha sido la última gran reforma de los Tratados de la UE. Este Tratado, además de clarificar el reparto de competencias entre la UE y los Estados miembros, ha introducido nuevos ámbitos de competencia para la Unión, como la energía, el cambio climático, la cooperación al desarrollo y la ayuda humanitaria.

La evolución de las competencias de la UE ha estado marcada por dos tendencias principales:

— Ampliación del ámbito material de las competencias: La UE ha ido adquiriendo competencias en nuevas áreas, como la energía, el cambio climático o la cooperación al desarrollo, reflejando la creciente interdependencia entre los Estados miembros y la necesidad de un enfoque común para afrontar los nuevos desafíos globales.

— Profundización en el nivel de integración: La UE ha ido asumiendo un papel más activo en áreas que tradicionalmente eran de competencia exclusiva de los Estados miembros, como la política social, la justicia o la seguridad interior. Esta profundización en el nivel de integración se ha traducido en una mayor armonización de la legislación y en una mayor transferencia de competencias de los Estados miembros a la Unión.

La expansión de las competencias de la UE, junto con la creciente importancia del principio de efecto útil y el reconocimiento de las competencias implícitas, ha sido un factor determinante para la expansión del «Efecto Bruselas». La UE, a través de su creciente poder normativo, ha ido extendiendo la influencia de sus normas y estándares a nivel global, impactando en la legislación y las prácticas de terceros países, incluso en aquellos que no son miembros del bloque.

2.2.3. El Papel del TJUE en la delimitación de las competencias.

El Tribunal de Justicia de la Unión Europea (TJUE), como máximo intérprete del Derecho comunitario, ha jugado un papel crucial en la delimitación de las competencias de la UE, interpretando las disposiciones de los Tratados y definiendo el alcance de la acción comunitaria. El TJUE, a través de su jurisprudencia, ha establecido principios y criterios que orientan la aplicación del principio de atribución de competencias y que han contribuido a la expansión del Derecho de la UE.

Entre los principios más relevantes establecidos por el TJUE en relación con las competencias de la UE, se encuentran:

— Principio de interpretación teleológica: El TJUE interpreta las normas de los Tratados de forma teleológica, es decir, teniendo en cuenta la finalidad y los objetivos que la UE pretende alcanzar con su acción. Este principio permite al Tribunal adaptar la interpretación de las normas a las nuevas realidades y desafíos que enfrenta la Unión, y ha sido utilizado para justificar la ampliación de las competencias de la UE en áreas como la protección del medio ambiente o la lucha contra el terrorismo.
— Principio de efecto útil: El TJUE interpreta las normas de los Tratados de forma que se garantice su máxima eficacia. Este principio implica que el Tribunal buscará la interpretación que permita a la UE alcanzar los objetivos establecidos en los Tratados, incluso cuando esta interpretación no sea la más literal. El principio de efecto útil ha sido utilizado por el TJUE para justificar la aplicación extraterritorial del Derecho de la UE, cuando se ha considerado que esta aplicación es necesaria para garantizar la plena eficacia de las normas comunitarias.
— Principio de las competencias implícitas: El TJUE ha reconocido la existencia de competencias implícitas, que se derivan de la necesidad de que la UE pueda cumplir con los objetivos que le han sido asignados en los Tratados, incluso cuando estos objetivos no estén expresamente vinculados a una competencia específica. Este principio, que ha sido utilizado para justificar la ampliación de las competencias de la UE en áreas como la protección de los Derechos fundamentales o la lucha contra el cambio climático, se ha convertido en un instrumento clave para la expansión del Derecho de la UE y su proyección hacia terceros países.
— Control judicial de las competencias: El TJUE controla la legalidad de los actos de las instituciones de la UE, incluyendo la revisión de las competencias de la Unión. Los particulares pueden recurrir ante el TJUE los actos de las instituciones de la UE que consideren que vulneran sus derechos, incluyendo los actos que consideren que exceden las competencias de la Unión. Este control judicial de las competencias, que puede ser ejercido a través de diferentes mecanismos, como la acción de anulación o la cuestión prejudicial, es un elemento fundamental para garantizar el respeto al principio de atribución de competencias y evitar una expansión descontrolada del poder de la UE.

2.2.4. Competencias de la UE y el «Efecto Bruselas».

Las competencias de la Unión Europea, delimitadas en los Tratados e interpretadas por el TJUE, son el fundamento jurídico del «Efecto Bruselas». La aplicación extraterritorial del Derecho de la UE solo se justifica si se basa en una competencia específica de la Unión para regular la materia. El análisis de las competencias de la UE, junto con los principios generales del Derecho comunitario y la jurisprudencia del TJUE, es un paso esencial para determinar la legalidad y la legitimidad del «Efecto Bruselas» en cada caso concreto.

Las competencias exclusivas de la UE, al otorgar a la Unión la capacidad exclusiva para legislar en una determinada materia, ofrecen una base sólida para la aplicación extraterritorial del Derecho de la UE. En el ámbito de las competencias compartidas, sin embargo, la aplicación extraterritorial del Derecho comunitario solo se justifica si se cumple con el principio de subsidiariedad, que obliga a la UE a demostrar que su acción es necesaria para alcanzar un objetivo que no pueda ser logrado de manera suficiente por los Estados miembros de forma individual. Las competencias de apoyo, coordinación y complemento, por su parte, ofrecen un margen de acción más limitado para la aplicación extraterritorial del Derecho de la UE.

La cláusula de flexibilidad, aunque ha sido utilizada en ocasiones para extender las competencias de la UE, debe interpretarse con cautela, ya que su aplicación para justificar la aplicación extraterritorial del Derecho comunitario debe estar restringida a los casos en que se cumplan los requisitos establecidos por el TJUE, como la existencia de un objetivo de la UE, la necesidad de la acción comunitaria, la ausencia de poderes de actuación específicos y el respeto a los principios generales del Derecho de la UE.

En definitiva, las competencias de la UE son un factor determinante para comprender el «Efecto Bruselas», su fundamento jurídico, su alcance y sus límites. El análisis de las competencias de la UE, junto con los principios generales del Derecho comunitario y la jurisprudencia del TJUE, permite determinar la legalidad y la legitimidad de la aplicación extraterritorial del Derecho de la UE en cada caso concreto.

2.3. JURISPRUDENCIA DEL TJUE SOBRE EL «EFECTO BRUSELAS».

El Tribunal de Justicia de la Unión Europea (TJUE), en su rol de máximo intérprete del Derecho de la UE, ha desempeñado un papel esencial en la configuración del, definiendo los criterios que sustentan la aplicación extraterritorial de la normativa comunitaria y delimitando su alcance en diferentes ámbitos[35]. A través de su jurisprudencia, el TJUE ha construido un cuerpo doctrinal que permite comprender la evolución del «Efecto Bruselas», identificando los principios que lo sustentan, los mecanismos que utiliza y los límites que lo

---

35. *Vid.* Pintos Santiago J., «El resurgimiento de los principios generales y los Derechos fundamentales en el nuevo derecho de la Unión Europea», en *Rev. Jurídica Castilla-La Mancha*, 2015; 57, pp. 203-239.

restringen[36] El análisis de la jurisprudencia del TJUE es fundamental para la presente investigación, ya que no solo ofrece una visión autorizada sobre la aplicación del «Efecto Bruselas» en casos concretos, sino que también revela las tensiones y los desafíos que plantea la proyección extraterritorial del Derecho de la UE en el escenario globalizado. A través de la jurisprudencia, se puede observar cómo el TJUE ha buscado un equilibrio entre la defensa de los intereses de la Unión y el respeto al Derecho internacional Público, la soberanía de los Estados terceros y los principios de justicia y equidad[37].

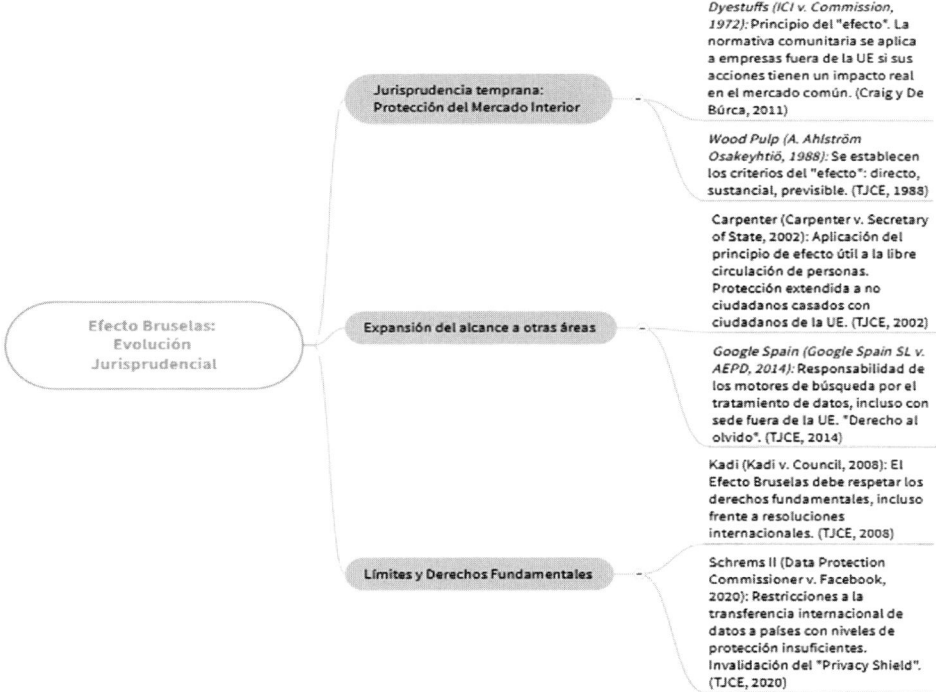

Figura 1. Evolución Jurisprudencial del «Efecto Bruselas».

---

36. *Vid.* Jimena Quesada L., «La consagración de los Derechos fundamentales: de principios generales a texto fundacional de la Unión Europea», en *Cuadernos Europeos de Deusto*, 2014; 50, pp. 173-197.

37. *Vid.* Oró Martínez C., «El artículo 5.1.b) del Reglamento Bruselas I: examen crítico de la jurisprudencia reciente del Tribunal de Justicia», en *InDret*, Barcelona, 2013.

2.3.1. El «Efecto Bruselas» en la jurisprudencia temprana.

La jurisprudencia del TJUE sobre la aplicación extraterritorial del Derecho de la UE se remonta a los inicios de la integración europea, en un contexto marcado por la voluntad de los Estados miembros de crear un mercado común y evitar las prácticas anticompetitivas que pudieran distorsionarlo. Ya en la década de 1970, el TJUE empezó a sentar las bases para la aplicación extraterritorial de la normativa comunitaria, en casos relacionados con el Derecho de la competencia.

En el caso *ICI v. Commission* (conocido como *Dyestuffs*) de 1972, el TJUE afirmó que la prohibición de acuerdos restrictivos de la competencia, establecida en el artículo 101 del TFUE, podía aplicarse a empresas con sede fuera de la Comunidad, cuando sus acuerdos tenían un impacto real en el mercado común[38]. Esta sentencia amplió la jurisdicción de la Comunidad más allá de sus fronteras geográficas, reconociendo que la acción comunitaria podía extenderse a conductas realizadas fuera del territorio de la CEE, si estas conductas tenían consecuencias perjudiciales para el funcionamiento del mercado común[39]

El caso *Dyestuffs* sentó un precedente fundamental para la aplicación extraterritorial del Derecho de la competencia, estableciendo el principio del «efecto», que permite a la UE extender su jurisdicción a conductas realizadas fuera de su territorio, si estas conductas tienen un impacto apreciable en el mercado interior. El principio del «efecto» ha sido aplicado por el TJUE en numerosos casos posteriores, convirtiéndose en un pilar fundamental del «Efecto Bruselas» en el ámbito de la competencia[40].

En el caso *Wood Pulp* de 1988, el TJUE aclaró el alcance del principio del «efecto», estableciendo que para que la normativa comunitaria de competencia sea aplicable a empresas con sede fuera de la UE, es necesario que los efectos de su conducta en el mercado interior sean directos, sustanciales y previsibles[41].

Esta sentencia, considerada como la base jurídica del «Efecto Bruselas» en materia de competencia, ha servido como guía para el TJUE en la determinación de la aplicabilidad de la normativa comunitaria a empresas con sede fuera de la UE, garantizando la coherencia y la previsibilidad en la aplicación del Derecho de la competencia.

---

38. TJCE. Sentencia de 14 de julio de 1972. Asuntos acumulados 48/69 a 56/69 y 58/69 a 69/69: Imperial Chemical Industries Ltd. (ICI) contra Comisión Europea. Rec. 1972, pp. 619-709.

39. *Vid.* Fach Gómez K. «El Reglamento 44/2001 y los contratos de agencia comercial internacional: aspectos jurisdiccionales», en *Rev Derecho Comunitario Eur.*, 2003; 14, pp. 181-222.

40. *Vid.* Craig P, De Búrca G., *EU Law: Text, Cases, and Materials*,5ª ed., Oxford University Press, Oxford, 2011.

41. TJCE. Sentencia de 27 de septiembre de 1988. Asuntos acumulados 89, 104, 114, 116, 117 y 125 a 129/85: A. Ahlström Osakeyhtiö y otros contra Comisión de las Comunidades Europeas. Rec. 1988, pp. 5193-5269.

2.3.2. El «Efecto Bruselas» y la protección de los Derechos fundamentales.

La jurisprudencia del TJUE sobre el «Efecto Bruselas» se ha extendido a otros ámbitos del Derecho de la UE, como la protección de los Derechos fundamentales. El Tribunal ha utilizado los principios del efecto directo y el efecto útil, desarrollados en el contexto del mercado interior, para extender la protección de los Derechos fundamentales a situaciones con una dimensión extraterritorial, garantizando la eficacia de las normas comunitarias y la protección de los derechos de los ciudadanos, incluso en casos donde los Estados miembros no estén obligados a aplicar la normativa de la UE en su totalidad.

En el caso *Carpenter v. Secretary of State for the Home Department* de 2002, el TJUE examinó la aplicabilidad de la Directiva 2004/38/CE, relativa al derecho de los ciudadanos de la Unión y de los miembros de sus familias a circular y residir libremente en el territorio de los Estados miembros, a un ciudadano filipino que estaba casado con una ciudadana británica y residía en el Reino Unido[42]. El Reino Unido, aunque era Estado miembro de la UE en ese momento, no estaba obligado a aplicar la Directiva en su totalidad, ya que no había optado por la plena aplicación del acervo de *Schengen*, que establece normas sobre la libre circulación de personas en el espacio europeo.

El TJUE, aplicando el principio de efecto útil, determinó que la Directiva era aplicable al caso, a pesar de que el ciudadano filipino no fuera ciudadano de la UE. El Tribunal consideró que negar la protección de la Directiva al ciudadano filipino iría en contra del objetivo de la norma, que es garantizar el derecho de los ciudadanos de la UE a vivir con sus familiares en el territorio de la Unión. La sentencia *Carpenter* es un ejemplo de cómo el TJUE ha utilizado el principio de efecto útil para extender la protección de los derechos de los ciudadanos de la UE a situaciones con una dimensión extraterritorial, garantizando la coherencia y la efectividad del Derecho comunitario

2.3.3. El «Efecto Bruselas» y el Reglamento «Bruselas I bis».

El Reglamento «Bruselas I bis» (Reglamento 1215/2012), piedra angular de la cooperación judicial civil en la Unión Europea, ha tenido un impacto significativo en la configuración del «Efecto Bruselas», especialmente en el ámbito de la competencia judicial internacional. Este Reglamento, que sustituyó al Reglamento «Bruselas I» (Reglamento 44/2001), busca facilitar la libre circulación de resoluciones judiciales en materia civil y mercantil en el Espacio Judicial Europeo, basándose en el principio de reconocimiento mutuo de las resoluciones judiciales.

---

42. TJCE. Sentencia de 11 de julio de 2002. Asunto C-60/00: Gerry Carpenter contra Secretary of State for the Home Department. Rec. 2002, p. I-6167-6199

El «Efecto Bruselas», en este contexto, se manifiesta en la capacidad del Reglamento «Bruselas I bis» para proyectar la jurisdicción de los tribunales de los Estados miembros de la Unión Europea más allá de sus fronteras, generando un impacto regulatorio que trasciende el ámbito territorial estricto de la UE.

Uno de los mecanismos clave a través de los cuales el Reglamento «Bruselas I bis» vehicula el «Efecto Bruselas» reside en la configuración de las reglas de competencia judicial internacional. El reglamento establece un sistema de foros de competencia, tanto generales como especiales, que permiten determinar qué tribunal de un Estado miembro es competente para conocer de un litigio con elemento de extranjería[43]. En este sentido, el artículo 4 del Reglamento consagra el foro general del domicilio del demandado, estableciendo que las personas domiciliadas en un Estado miembro podrán ser demandadas ante los tribunales de dicho Estado miembro[44].

Sin embargo, el Reglamento «Bruselas I bis» también prevé foros de competencia especiales, contemplados en los artículos 7 y 8, que permiten atribuir la competencia judicial internacional a tribunales de Estados miembros distintos del domicilio del demandado en atención a la naturaleza específica del litigio y su conexión con el territorio de un Estado miembro[45].

En el ámbito contractual, el artículo 7.1 del Reglamento «Bruselas I bis» establece un foro especial en materia contractual, atribuyendo competencia judicial internacional a los tribunales del lugar de cumplimiento de la obligación que sirva de base a la demanda[46]. La interpretación del «lugar de cumplimiento» en el contexto de contratos internacionales complejos, con múltiples obligaciones y lugares de ejecución, ha generado una rica jurisprudencia del Tribunal de Justicia de la Unión Europea (TJUE).

En particular, el artículo 5.1.b) del Reglamento Bruselas I (predecesor del artículo 7.1.b) del Reglamento «Bruselas I bis») ha sido objeto de un intenso debate doctrinal y jurisprudencial en relación con la determinación del foro de competencia en litigios contractuales con elemento de extranjería[47]. El TJUE, en casos como *Wood Pulp*, ha delineado los criterios para la aplicación extraterritorial del Derecho de la competencia de la UE, estableciendo el principio del «efecto constitutivo»[48]. Este principio, desarrollado en el contexto del Derecho de la competencia, ha encontrado eco en la jurisprudencia del TJUE en relación con el Reglamento «Bruselas I bis», influyendo en la interpretación del

---

43. *Vid.* Craig P, De Búrca G., *EU Law: Text, Cases, and Materials*, 5ª ed., Oxford University Press, Oxford, 2011.

44. Artículo 4 del Reglamento «Bruselas I bis».

45. Artículos 7 y 8 del Reglamento «Bruselas I bis».

46. Artículo 7.1 del Reglamento «Bruselas I bis».

47. *Vid.* Oró Martínez C., «El artículo 5.1.b) del Reglamento Bruselas I: examen crítico de la jurisprudencia reciente del Tribunal de Justicia», en *InDret*, Barcelona, 2013.

48. TJCE. Sentencia del TJCE de 27 de septiembre de 1988. Asuntos acumulados 89, 104, 114, 116, 117 y 125 a 129/85: A. Ahlström Osakeyhtiö y otros contra Comisión de las Comunidades Europeas. Rec. 1988, pp. 5193-5269.

foro de competencia en materia contractual y en la determinación del «lugar de cumplimiento» en situaciones transfronterizas.

En el ámbito de la responsabilidad extracontractual, el artículo 7.2 del Reglamento «Bruselas I bis» establece un foro especial en materia delictual o cuasidelictual, atribuyendo competencia judicial internacional a los tribunales del lugar donde se hubiere producido o pudiere producirse el hecho dañoso[49]. La aplicación de este foro en contextos extraterritoriales plantea interrogantes sobre la determinación del «lugar del hecho dañoso» en situaciones donde la conducta causante y el daño se producen en diferentes jurisdicciones. La jurisprudencia del TJUE ha abordado la interpretación del artículo 5.3 del Reglamento «Bruselas I» (predecesor del artículo 7.2 del Reglamento «Bruselas I bis») en casos como *Dyestuffs*, estableciendo criterios para determinar la competencia judicial internacional en litigios de responsabilidad extracontractual con elemento de extranjería[50]. El TJUE ha precisado que el «lugar del hecho dañoso» puede entenderse tanto como el lugar donde se produce el hecho causal como el lugar donde se manifiesta el daño, permitiendo una cierta flexibilidad en la determinación del foro competente en situaciones transfronterizas. Esta interpretación jurisprudencial, influenciada por la lógica del «Efecto Bruselas», ha contribuido a extender el alcance de la jurisdicción de los tribunales de los Estados miembros de la UE en litigios de responsabilidad extracontractual con dimensión extraterritorial.

Más allá de la configuración de los foros de competencia judicial internacional, el Reglamento «Bruselas I bis» también contribuye al «Efecto Bruselas» a través del mecanismo del reconocimiento y ejecución de resoluciones judiciales. El Reglamento establece un sistema de reconocimiento mutuo de resoluciones judiciales, eliminando el procedimiento de *exequátur* para las resoluciones dictadas en otros Estados miembros[51].

Este mecanismo facilita la circulación de resoluciones judiciales dentro del Espacio Judicial Europeo; y, aunque el Reglamento se centra en el reconocimiento y ejecución de resoluciones *dentro* de la UE, su lógica subyacente de reconocimiento mutuo y cooperación judicial puede tener implicaciones en el contexto extraterritorial. Si bien el Reglamento «Bruselas I bis» no regula directamente el reconocimiento y ejecución de resoluciones judiciales de terceros países en la UE, sí establece un marco de cooperación judicial civil que podría, en un futuro, extenderse a las relaciones con jurisdicciones de terceros países.

No obstante, la aplicación del Reglamento «Bruselas I bis» en contextos extraterritoriales no está exenta de desafíos y limitaciones. La determinación del «lugar de cumplimiento» en contratos internacionales complejos, la delimitación del «lugar del hecho dañoso» en litigios de responsabilidad extracontractual transfronteriza, y las complejidades inherentes a la cooperación judicial

---

49. Artículo 7.2 del Reglamento «Bruselas I bis».

50. Sentencia del TJCE de 14 de julio de 1972. Asuntos acumulados 48/69 a 56/69 y 58/69 a 69/69: Imperial Chemical Industries Ltd. (ICI) contra Comisión Europea. Rec. 1972, pp. 619-709.

51. Capítulo III del Reglamento «Bruselas I bis».

civil en un mundo globalizado plantean interrogantes sobre el alcance y los límites del «Efecto Bruselas» a través del Reglamento «Bruselas I bis». Como señala Oró Martínez, la interpretación extensiva del artículo 5.1.b) del Reglamento «Bruselas I» por parte del TJUE, favoreciendo la centralización de la competencia en el tribunal del lugar de cumplimiento de la prestación característica, ha generado críticas y debates doctrinales[52]. Esta interpretación, aunque busca garantizar la previsibilidad del sistema, puede generar problemas de proximidad entre el tribunal y el litigio, así como desequilibrios entre las partes del contrato.

Además, la aplicación extraterritorial del Reglamento «Bruselas I bis» debe articularse con los principios generales del Derecho Internacional Público y del Derecho Internacional Privado. Si bien el Reglamento establece reglas de competencia judicial internacional que buscan facilitar la cooperación judicial civil dentro de la UE, su aplicación extraterritorial debe respetar los principios de soberanía estatal, no injerencia y cortesía internacional. La determinación de la jurisdicción y el reconocimiento y ejecución de resoluciones judiciales en contextos transfronterizos debe realizarse en un marco de respeto a los ordenamientos jurídicos de terceros países y a los principios del Derecho Internacional Privado, como el *fórum non conveniens* o las reglas de conflicto de leyes. El TJUE, en su jurisprudencia, ha buscado un equilibrio entre la eficacia del Reglamento «Bruselas I bis» y el respeto a estos principios, buscando una interpretación que garantice la seguridad jurídica y la cooperación judicial internacional sin menoscabar la soberanía de los Estados terceros.

En la era digital, el Reglamento «Bruselas I bis» se enfrenta a nuevos desafíos derivados de la naturaleza deslocalizada y transfronteriza de las actividades online. La determinación de la jurisdicción en litigios relacionados con el comercio electrónico, las plataformas digitales o las redes sociales plantea interrogantes sobre la aplicación de los foros de competencia tradicionales del Reglamento. La dificultad de identificar el «lugar de cumplimiento» en contratos digitales o el «lugar del hecho dañoso» en actividades online con alcance global exige una adaptación de la interpretación del Reglamento a las nuevas realidades del entorno digital.

Asimismo, el reconocimiento y ejecución de resoluciones judiciales en el ciberespacio plantea desafíos técnicos y jurídicos específicos, relacionados con la identificación de los activos del demandado, la eficacia de las medidas de ejecución online, y el respeto a la soberanía digital de los Estados.

En conclusión, el Reglamento «Bruselas I bis» se erige como un instrumento fundamental para la proyección extraterritorial del Derecho de la UE a través del «Efecto Bruselas» en el ámbito de la cooperación judicial civil. Su configuración de las reglas de competencia judicial internacional y el mecanismo de reconocimiento y ejecución de resoluciones judiciales contribuyen a extender

---

52. *Vid.* Oró Martínez C., «El artículo 5.1.b) del Reglamento Bruselas I: examen crítico de la jurisprudencia reciente del Tribunal de Justicia», en *InDret*, Barcelona, 2013.

el alcance de la jurisdicción de los tribunales de los Estados miembros de la UE en contextos transfronterizos. Sin embargo, la aplicación extraterritorial del Reglamento «Bruselas I bis» no está exenta de desafíos y limitaciones, que exigen una interpretación jurisprudencial cuidadosa y una articulación coherente con los principios del Derecho Internacional Público y del Derecho Internacional Privado. El futuro del Reglamento «Bruselas I bis» en el «Efecto Bruselas» dependerá de su capacidad para adaptarse a los nuevos desafíos de la globalización y la era digital, y para garantizar una cooperación judicial civil internacional eficaz y respetuosa con la soberanía de los Estados y la diversidad de los ordenamientos jurídicos nacionales.

2.3.4. El «Efecto Bruselas» y la protección de datos de carácter personal.

El auge de Internet y las nuevas tecnologías ha planteado nuevos desafíos para la aplicación extraterritorial del Derecho de la UE, especialmente en el ámbito de la protección de datos. El TJUE, en su jurisprudencia reciente, ha abordado la complejidad del «Efecto Bruselas» en la era digital, teniendo que aplicar los principios tradicionales del Derecho comunitario a un entorno caracterizado por la desmaterialización de las fronteras y la globalización de los flujos de datos.

En el caso *Google Spain SL, Google Inc. v. Agencia Española de Protección de Datos (AEPD) and Mario Costeja González*, el TJUE estableció un precedente fundamental para la protección de datos en la era digital, al afirmar que los motores de búsqueda, como Google, son responsables del tratamiento de datos personales que realizan en el ejercicio de su actividad, incluso cuando su sede se encuentre fuera de la UE[53]. Esta sentencia, conocida como el caso «derecho al olvido», ha tenido un impacto global en la regulación de Internet y la protección de datos, al extender la aplicabilidad del Derecho de la UE a empresas que no tienen su sede en el territorio del bloque.

El TJUE, al considerar que los motores de búsqueda realizan un tratamiento de datos personales al indexar y mostrar información en sus resultados de búsqueda, los ha sometido a las obligaciones del Derecho de la UE en materia de protección de datos, independientemente de su ubicación geográfica. Esta sentencia ha reforzado la protección de los datos personales en la era digital, al extender el alcance del Derecho de la UE a un ámbito que, por su naturaleza transfronteriza, presenta importantes desafíos para la aplicación de las normas tradicionales de protección de datos.

---

53. TJCE. Sentencia del TJCE de 13 de mayo de 2014. Asunto C-131/12: Google Spain SL, Google Inc. contra Agencia Española de Protección de Datos (AEPD) y Mario Costeja González. Rec. 2014, pp. I-3173

En el caso *Schrems II*, el TJUE invalidó el acuerdo «Privacy Shield» entre la UE y los Estados Unidos, que permitía la transferencia de datos personales de ciudadanos europeos a empresas estadounidenses que se adherían a sus principios[54]. El Tribunal consideró que este acuerdo no ofrecía un nivel adecuado de protección de datos, equiparable al garantizado en la UE, debido a la posibilidad de que las autoridades estadounidenses accedan a los datos personales de ciudadanos europeos sin las garantías necesarias para la protección de su privacidad.

La sentencia *Schrems II*, que ha tenido un gran impacto en las relaciones entre la UE y los Estados Unidos en materia de protección de datos, ilustra la importancia que el TJUE otorga a la protección de los Derechos fundamentales, incluso en el contexto de las relaciones internacionales. El TJUE, al invalidar el «Privacy Shield», ha reafirmado la primacía del Derecho de la UE en materia de protección de datos y ha establecido que las transferencias internacionales de datos solo se pueden realizar si se garantiza un nivel de protección de datos adecuado, comparable al existente en la UE.

2.3.5. Criterios y argumentos del TJUE.

El TJUE, a lo largo de su jurisprudencia, ha ido desarrollando un conjunto de criterios y argumentos para justificar la aplicación extraterritorial del Derecho de la UE, buscando un equilibrio entre la defensa de los intereses de la Unión y el respeto al Derecho internacional Público y la soberanía de los Estados terceros.

Estos criterios, que se basan en los principios generales del Derecho comunitario, la interpretación teleológica de los Tratados y el análisis del contexto fáctico de cada caso, han sido fundamentales para delimitar el alcance del «Efecto Bruselas», definiendo las condiciones bajo las cuales la normativa comunitaria puede aplicarse a situaciones con una dimensión extraterritorial.

Entre los criterios y argumentos más importantes utilizados por el TJUE, se encuentran:

— **Principio del efecto:** Este principio, desarrollado inicialmente en el ámbito del Derecho de la competencia, establece que la UE puede extender su jurisdicción a conductas realizadas fuera de su territorio, si estas conductas tienen un impacto real en el mercado interior. Para que se aplique el principio del «efecto», el TJUE ha establecido que los efectos de la conducta en el mercado interior deben ser directos, sustanciales y

---

54. TJCE. Sentencia del TJCE de 16 de julio de 2020. Asunto C-311/18: Data Protection Commissioner contra Facebook Ireland Ltd. y Maximillian Schrems. Rec. 2020, pp. I-5535.

previsibles[55]. El principio del «efecto», como ya se ha mencionado, ha sido aplicado por el TJUE en numerosos casos, no solo en el ámbito de la competencia, sino también en otros ámbitos del Derecho de la UE, como la protección del medio ambiente, la lucha contra el terrorismo o la protección de los consumidores.

— **Principio de efecto útil:** Este principio, que busca garantizar la máxima eficacia del Derecho de la UE, ha sido utilizado por el TJUE para justificar la aplicación extraterritorial del Derecho comunitario en una amplia variedad de ámbitos. El TJUE, al aplicar este principio, considera que la aplicación extraterritorial del Derecho de la UE es necesaria para evitar que se eludan las normas comunitarias, para garantizar la protección de los intereses de la Unión o para asegurar la efectividad de la acción comunitaria. Este principio ha sido fundamental para extender la protección de los Derechos fundamentales, el acceso a la justicia y la regulación de los mercados financieros, incluso en situaciones con una dimensión extraterritorial.

— **Protección de los intereses de la UE:** El TJUE ha justificado la aplicación extraterritorial del Derecho de la UE en aquellos casos en los que se ha considerado que esta aplicación es necesaria para salvaguardar los intereses esenciales de la Unión, como la protección del medio ambiente, la salud pública, la seguridad, los Derechos fundamentales o el buen funcionamiento del mercado interior. El TJUE, al aplicar este criterio, ha realizado una ponderación de los intereses en juego, considerando tanto los intereses de la UE como los intereses de los Estados terceros afectados por la aplicación extraterritorial del Derecho comunitario. Esta ponderación de intereses es un elemento esencial para garantizar la legitimidad y la proporcionalidad del «Efecto Bruselas».

— **Principio de proporcionalidad:** El TJUE, en línea con los principios generales del Derecho comunitario, ha establecido que la aplicación extraterritorial del Derecho de la UE debe ser proporcional al objetivo que se pretende alcanzar. La UE solo puede utilizar los medios necesarios para lograr la protección de sus intereses, y la aplicación extraterritorial del Derecho comunitario no debe ir más allá de lo estrictamente necesario para lograr la protección de esos intereses. El principio de proporcionalidad implica que el TJUE debe realizar una evaluación de la intensidad de la intervención comunitaria en el ámbito extraterritorial, y que la aplicación extraterritorial del Derecho de la UE debe ser la medida menos restrictiva para lograr el objetivo legítimo que se pretende alcanzar.

— **Principio de no discriminación:** El TJUE ha establecido que la aplicación extraterritorial del Derecho de la UE no debe ser discriminatoria,

---

55. *Vid.* Oró Martínez C., «El artículo 5.1.b) del Reglamento Bruselas I: examen crítico de la jurisprudencia reciente del Tribunal de Justicia», en *InDret*, Barcelona, 2013.

lo que implica que la UE debe aplicar sus normas de forma objetiva, sin favorecer a sus propios nacionales o empresas en detrimento de los nacionales o empresas de terceros países. Este principio busca garantizar la igualdad de trato entre los operadores económicos, independientemente de su nacionalidad o de su lugar de establecimiento, y evitar que la aplicación extraterritorial del Derecho de la UE se utilice como un instrumento de proteccionismo económico

2.3.6. Desafíos del «Efecto Bruselas».

La jurisprudencia del TJUE sobre el «Efecto Bruselas», además de establecer los criterios y argumentos que justifican la aplicación extraterritorial del Derecho de la UE, también revela las tensiones y los desafíos que enfrenta este fenómeno en un contexto de creciente globalización.

Entre los principales desafíos que plantea el «Efecto Bruselas», se encuentran:

— **Equilibrio entre la soberanía de los Estados y la eficacia del Derecho de la UE:** La aplicación extraterritorial del Derecho de la UE puede entrar en conflicto con la soberanía de los Estados terceros, que pueden considerar que la UE está interfiriendo en sus asuntos internos. El TJUE, en su jurisprudencia, ha buscado un equilibrio entre la necesidad de garantizar la eficacia del Derecho de la UE y el respeto a la soberanía de los Estados terceros, aplicando el principio de subsidiariedad, el principio de proporcionalidad y el principio de no injerencia en asuntos internos. Este equilibrio es esencial para la legitimidad del «Efecto Bruselas», ya que una aplicación excesivamente amplia del Derecho de la UE podría generar un rechazo por parte de los Estados terceros y erosionar la confianza en el sistema jurídico comunitario.
— **Coherencia con el Derecho internacional** público: La aplicación extraterritorial del Derecho de la UE debe ser coherente con las normas y principios del Derecho internacional Público, en particular con las normas sobre jurisdicción extraterritorial, el uso de la fuerza y la inmunidad de los Estados. El TJUE, en su jurisprudencia, ha tratado de conciliar el «Efecto Bruselas» con el Derecho internacional Público, buscando una aplicación coherente de ambos ordenamientos. Esta tarea no siempre es sencilla, ya que el Derecho de la UE, como sistema jurídico autónomo, tiene sus propios principios y mecanismos que pueden entrar en tensión con las normas del Derecho internacional.
— **Legitimidad democrática del «Efecto Bruselas»:** La aplicación extraterritorial del Derecho de la UE puede generar un déficit democrático, ya que las normas comunitarias con efectos extraterritoriales son adoptadas por las instituciones de la UE, sin la participación directa de los ciuda-

danos de los terceros países afectados. El TJUE, en su jurisprudencia, no ha ofrecido una respuesta clara a la cuestión de la legitimidad democrática del «Efecto Bruselas», pero ha insistido en la necesidad de que la aplicación extraterritorial del Derecho de la UE sea proporcional a los objetivos que se pretenden alcanzar y que respete los Derechos fundamentales. Esta cuestión, que ha sido objeto de un amplio debate académico, requiere una mayor atención por parte del TJUE, para garantizar que la aplicación extraterritorial del Derecho de la UE se realice con la legitimidad democrática necesaria.

— **Complejidad del fenómeno:** El «Efecto Bruselas», como fenómeno jurídico complejo y en constante evolución, se manifiesta de forma diversa en los diferentes ámbitos del Derecho de la UE, lo que dificulta la elaboración de un marco jurídico unificado para su aplicación. El TJUE, en su jurisprudencia, ha ido desarrollando una serie de criterios y argumentos para delimitar el alcance del «Efecto Bruselas» en diferentes áreas, buscando una aplicación coherente, previsible y no discriminatoria de la normativa comunitaria.

En definitiva, la jurisprudencia del TJUE sobre el «Efecto Bruselas» ofrece una visión privilegiada sobre la complejidad y los desafíos que plantea la aplicación extraterritorial del Derecho de la UE en un mundo globalizado. El TJUE, a través de sus sentencias, ha ido configurando el alcance del «Efecto Bruselas», definiendo los criterios que lo justifican, estableciendo los límites que lo restringen y buscando un equilibrio entre la defensa de los intereses de la Unión y el respeto al Derecho internacional Público y la soberanía de los Estados terceros.

3.
ALCANCE Y LÍMITES DEL «EFECTO BRUSELAS»

3.1. ÁMBITO DE APLICACIÓN MATERIAL.

El «Efecto Bruselas», como manifestación de la creciente influencia normativa de la Unión Europea en el escenario global, se manifiesta en una amplia gama de ámbitos materiales del ordenamiento jurídico comunitario.[56] Comprender el ámbito de aplicación material del «Efecto Bruselas» es esencial para delimitar su alcance, identificar las áreas donde la influencia normativa de la UE es más significativa, y analizar las implicaciones de este fenómeno para la gobernanza global. El «Efecto Bruselas», lejos de ser un fenómeno homogéneo, se manifiesta de forma diversa en los diferentes ámbitos del Derecho de la UE, adoptando diferentes mecanismos y generando diferentes tipos de impacto en los terceros países.

3.1.1. El «Efecto Bruselas» en el Derecho de la competencia.

El Derecho de la competencia es, sin duda, uno de los ámbitos donde el «Efecto Bruselas» ha tenido un impacto más profundo y visible. La UE, desde los inicios de la integración europea, ha considerado la protección de la competencia como un elemento esencial para el buen funcionamiento del mercado interior y para el bienestar de los consumidores. Las normas de competencia de la UE, que prohíben las prácticas anticompetitivas como los cárteles, los

---

56. *Vid.* Bradford A., *The Brussels Effect: How the European Union Rules the World*, Oxford University Press, Oxford, 2020.

abusos de posición dominante y las concentraciones que restringen la competencia, se han aplicado extraterritorialmente en numerosos casos, generando un impacto significativo en la legislación y las prácticas de competencia a nivel global.[57]

La aplicación extraterritorial del Derecho de la competencia de la UE se fundamenta en el principio del «efecto», que permite a la Unión extender su jurisdicción a conductas realizadas fuera de su territorio, cuando estas conductas tienen un impacto apreciable en el mercado interior.[58] El TJUE, en su jurisprudencia, ha ido desarrollando y refinando los criterios para determinar cuándo una conducta realizada fuera de la UE tiene un «efecto» en el mercado interior, estableciendo que los efectos deben ser directos, sustanciales y previsibles.[59]

El caso *Wood Pulp* de 1988 es un hito en la jurisprudencia del TJUE sobre la aplicación extraterritorial del Derecho de la competencia. En este caso, el TJUE consideró que un cártel de productores de pasta de papel, con sede fuera de la UE, estaba sujeto a la normativa comunitaria de competencia, ya que sus prácticas anticompetitivas tenían un impacto directo, sustancial y previsible en el mercado interior.[60]

La aplicación extraterritorial del Derecho de la competencia de la UE ha generado un intenso debate sobre los límites de la jurisdicción extraterritorial y la soberanía de los Estados. Algunos autores han criticado el alcance del «Efecto Bruselas» en este ámbito, argumentando que la UE está imponiendo sus normas a empresas que no tienen ninguna conexión con el territorio de la Unión y que esta práctica puede generar tensiones con terceros países y afectar negativamente al comercio internacional.[61]

3.1.2. El «Efecto Bruselas» en el Derecho ambiental.

El Derecho Ambiental es otro ámbito donde la influencia normativa de la UE se ha extendido más allá de sus fronteras. La UE ha sido pionera en la adopción de normas ambientales ambiciosas, buscando proteger el medio ambiente, promover el desarrollo sostenible y luchar contra el cambio climático. La normativa ambiental de la UE, en algunos casos, se ha aplicado a acti-

---

57. *Vid.* Craig P, De Búrca G., *EU Law: Text, Cases, and Materials*, 5ª ed., Oxford University Press, Oxford, 2011.

58. *Vid.* Fach Gómez K. «El Reglamento 44/2001 y los contratos de agencia comercial internacional: aspectos jurisdiccionales», en *Rev Derecho Comunitario Eur.*, 2003; 14, pp. 181-222.

59. TJCE. Sentencia de 27 de septiembre de 1988. Asuntos acumulados 89, 104, 114, 116, 117 y 125 a 129/85: A. Ahlström Osakeyhtiö y otros contra Comisión de las Comunidades Europeas. Rec. 1988, p. 5193-5269.

60. *Vid.* Chalmers D, Davies G, Monti G., «European Union Law», Cambridge University Press, Cambridge, 2010.

61. *Vid.* Bradford A., *The Brussels Effect: How the European Union Rules the World*, Oxford University Press, Oxford, 2020.

vidades realizadas fuera del territorio de la Unión, cuando estas actividades han podido tener un impacto negativo en el medio ambiente europeo, lo que ilustra el alcance del Efecto Bruselas en este ámbito.[62]

La aplicación extraterritorial de la normativa ambiental de la UE se ha basado en diferentes mecanismos, como la inclusión de cláusulas ambientales en los acuerdos comerciales con terceros países, la aplicación de sanciones a empresas que incumplen la normativa ambiental de la UE, incluso cuando su sede se encuentra fuera del territorio de la Unión, y la promoción de estándares ambientales internacionales a través de la participación activa de la UE en los foros internacionales de medio ambiente.[63]

La Directiva de Aves (2009/147/CE) y la Directiva Marco del Agua (2000/60/CE) son ejemplos de normas ambientales de la UE que han sido aplicadas a actividades desarrolladas fuera del territorio de la UE, cuando estas actividades han podido afectar a la conservación de las aves silvestres o la gestión de los recursos hídricos a nivel europeo.

3.1.3. El «Efecto Bruselas» y la protección de datos personales.

La protección de datos personales se ha convertido en un ámbito central para la manifestación de el «Efecto Bruselas». El RGPD, que establece un marco jurídico integral para la protección de datos en la UE, ha tenido un impacto global en la regulación de la privacidad y la protección de datos, influyendo en la legislación y las prácticas de empresas y gobiernos de todo el mundo.[64]

El RGPD, a diferencia de otras normas de la UE, tiene un alcance extraterritorial explícito, aplicándose a cualquier organización, independientemente de su ubicación geográfica, que trate datos personales de ciudadanos de la UE. Esta extraterritorialidad ha sido clave para la expansión del modelo europeo de protección de datos a nivel global, obligando a empresas de todo el mundo a adaptar sus prácticas de privacidad a los estándares europeos.[65]

---

62. *Vid.* Selin H., VanDeveer S.D., *European Union and Environmental Governance*, Routledge, London, 2015.

63. *Vid.* Snyder F., *The External Relations of the European Union: Law, Policy, and the Pursuit of Legitimacy*, Oxford University Press, Oxford, 2003.

64. Reglamento (UE) 2016/679 del Parlamento Europeo y del Consejo de 27 de abril de 2016 relativo a la protección de las personas físicas en lo que respecta al tratamiento de datos personales y a la libre circulación de estos datos y por el que se deroga la Directiva 95/46/CE (Reglamento general de protección de datos). Diario Oficial de la Unión Europea. 2016 mayo 4; L119:1-88.

65. *Vid.* Taylor M., «The EU's Human Rights Obligations in Relation to Its Data Protection Laws with Extraterritorial Effect», en *Int Data Priv Law*, 2015; 5(4), pp. 246-256.

3.1.4. El «Efecto Bruselas» y la regulación de las plataformas digitales.

La era digital, con la proliferación de las plataformas digitales y el creciente poder de las grandes empresas tecnológicas, ha planteado nuevos retos para la regulación y la competencia a nivel global. La UE, consciente de estos desafíos, ha impulsado la adopción de nuevas normas para regular el comportamiento de las grandes plataformas digitales que operan en el mercado interior, con el objetivo de garantizar la competencia, la innovación y la protección de los consumidores en el sector digital.

La Ley de Mercados Digitales (DMA), que entró en vigor en noviembre de 2022, es un ejemplo de la creciente influencia de la UE en la regulación de las plataformas digitales a nivel global. La DMA, al igual que el RGPD, se espera que tenga un impacto extraterritorial, extendiendo la influencia de las normas europeas más allá del territorio de la UE. Las grandes plataformas digitales, para evitar la fragmentación de sus servicios y los costes asociados a la aplicación de diferentes normativas, tenderán a aplicar los estándares europeos a nivel global, lo que contribuirá a la expansión del «Efecto Bruselas» en el ámbito digital.[66]

3.1.5. El «Efecto Bruselas» y la sostenibilidad corporativa.

La sostenibilidad corporativa, que se refiere al conjunto de políticas y prácticas empresariales que buscan minimizar el impacto negativo de las actividades de la empresa en el medio ambiente, la sociedad y la economía, se ha convertido en un ámbito prioritario para la UE. La Unión Europea, a través de directivas como la CSRD, la CSDDD y la Directiva sobre Green Claims, está impulsando un nuevo modelo de gobernanza corporativa que integra la sostenibilidad en la estrategia y las operaciones de las empresas.

Estas directivas, que se aplican a un amplio abanico de empresas que operan en el mercado único europeo, incluidas las filiales y sucursales de empresas extracomunitarias, establecen obligaciones de transparencia, debida diligencia y *reporting* en materia de sostenibilidad.

---

66. Vid. Ribera Martínez A., «La senda del Efecto Bruselas en la DMA en Latinoamérica,» *Lat Am Law Rev.*, vol. 11, 2023, pp. 93-110.

3.1.6. El «Efecto Bruselas» en el Derecho de la propiedad intelectual.

El Derecho de la propiedad intelectual, en particular el régimen de protección de las indicaciones geográficas, es un área donde la UE ha ejercido una notable influencia a nivel internacional. El registro de DOP e IGP de la UE, establecido en 1992, ha sido considerado como un paradigma del «Efecto Bruselas», mostrando cómo la normativa europea ha influido en la legislación y las prácticas de terceros países en materia de protección de indicaciones geográficas.[67]

La UE, a través del registro de DOP e IGP, ha creado un sistema de protección a nivel comunitario que ha sido replicado en otros países y regiones, como Latinoamérica. La protección de las DOP e IGP no solo beneficia a los productores europeos, al garantizar la calidad y la autenticidad de sus productos, sino que también contribuye a la protección del patrimonio cultural y gastronómico de las regiones europeas.

3.1.7. Otros ámbitos del «Efecto Bruselas».

El alcance material del «Efecto Bruselas» se extiende a otros ámbitos del Derecho de la UE, como la protección de los consumidores, la seguridad alimentaria, el Derecho laboral, el Derecho fiscal y la lucha contra el blanqueo de capitales. La UE, a través de su normativa en estas áreas, ha establecido estándares que han sido adoptados por terceros países, ya sea por la necesidad de acceder al mercado único europeo, por la búsqueda de una mayor armonización regulatoria o por la influencia de las empresas multinacionales europeas que operan a nivel global.

La Directiva sobre los derechos de los consumidores (2011/83/UE), por ejemplo, ha influido en la legislación de terceros países en materia de protección de los consumidores, estableciendo normas sobre el Derecho de desistimiento, la información precontractual y la resolución de litigios en línea. La normativa de la UE en materia de seguridad alimentaria, que establece estrictos controles sobre la producción, la transformación y la comercialización de alimentos, también ha tenido un impacto global, influyendo en los estándares de seguridad alimentaria en todo el mundo.

En el ámbito laboral, la Carta Social Europea, aunque no es directamente aplicable en terceros países, ha servido como fuente de inspiración para la elaboración de normas laborales en otros países y regiones, especialmente en Latinoamérica. En materia fiscal, la lucha contra la elusión fiscal y la promoción

---

67. *Vid.* Cortés Martín J.M., «El registro de DOP e IGP de la UE como paradigma del Efecto Bruselas: algunas consideraciones en su XXX aniversario,» *Rev Derecho Comunitario Eur.*, no. 75, 2023, pp. 11-31.

de la transparencia fiscal han sido prioridades para la UE, que ha impulsado la adopción de normas internacionales en este ámbito, como el intercambio automático de información fiscal entre países.

En definitiva, el ámbito de aplicación material del «Efecto Bruselas» es amplio y heterogéneo, reflejo de la creciente influencia normativa de la UE en el escenario global. La capacidad de la UE para proyectar sus normas y estándares a nivel internacional se ha manifestado en diferentes áreas del Derecho, desde el Derecho de la competencia hasta la protección de datos, el Derecho Ambiental, la regulación de las plataformas digitales, la sostenibilidad corporativa y el Derecho de la propiedad intelectual, entre otros. El análisis del ámbito de aplicación material del «Efecto Bruselas» es un paso fundamental para comprender el alcance y los límites de este fenómeno, para evaluar sus implicaciones para la gobernanza global y para identificar los desafíos que plantea para la soberanía de los Estados y el Derecho internacional.

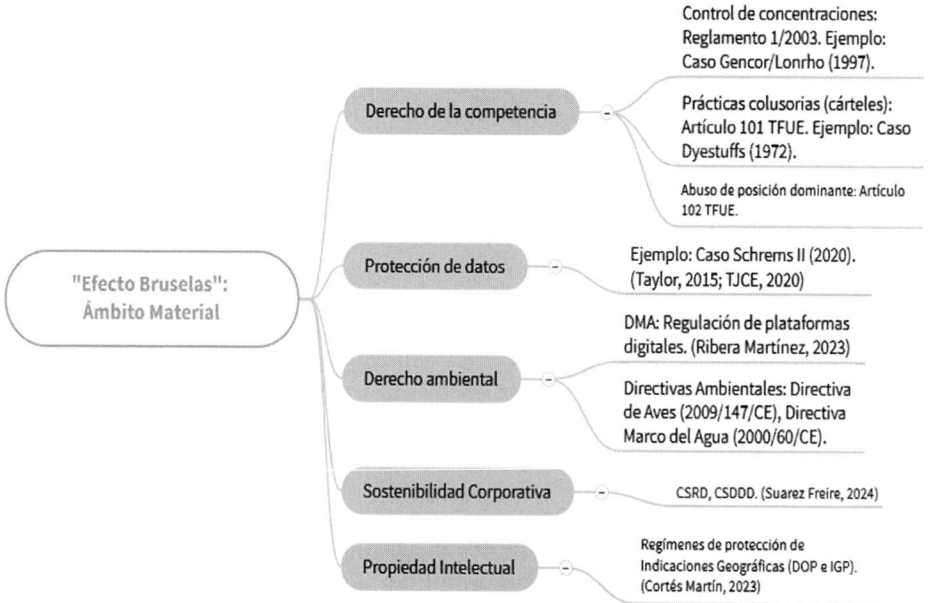

Figura 2. Ámbito de aplicación material del «Efecto Bruselas».

3.2. ÁMBITO DE APLICACIÓN TERRITORIAL.

El ámbito de aplicación territorial del «Efecto Bruselas» es un aspecto crucial para comprender el alcance y los límites de la influencia normativa de la Unión

Europea en el escenario global.[68] Este fenómeno, que se caracteriza por la proyección extraterritorial del Derecho de la UE, plantea importantes interrogantes sobre la jurisdicción de la Unión, la soberanía de los Estados terceros y la interacción entre el Derecho comunitario y el Derecho internacional Público.[69] Determinar cuándo una norma de la UE tiene efectos extraterritoriales, y bajo qué criterios se justifica esta aplicación extraterritorial, es esencial para analizar la legitimidad del «Efecto Bruselas», sus implicaciones para la gobernanza global y su impacto en las relaciones entre la UE y los terceros países.

El TJUE, en su jurisprudencia, ha ido desarrollando un conjunto de criterios para delimitar el ámbito de aplicación territorial del Derecho de la UE, buscando un equilibrio entre la necesidad de proteger los intereses de la Unión, garantizar la eficacia de la normativa comunitaria y el respeto a la soberanía de los Estados terceros y los principios fundamentales del Derecho internacional. Este equilibrio, que no siempre es fácil de alcanzar, se ha construido a través de la interpretación de los Tratados, el análisis de la jurisprudencia del TJUE y la consideración de la doctrina jurídica y las opiniones de los expertos en Derecho de la UE y Derecho internacional.

3.2.1. Criterios para la aplicación extraterritorial del Derecho de la Unión Europea.

La aplicación extraterritorial del Derecho de la UE no es un fenómeno uniforme ni automático. No todas las normas de la UE tienen efectos extraterritoriales, y la justificación de esta aplicación extraterritorial varía en función del ámbito material del Derecho, del contexto específico de cada caso y de la jurisprudencia del TJUE.

Entre los criterios que el TJUE ha utilizado para determinar si una norma de la UE tiene efectos extraterritoriales, destacan el «efecto constitutivo», la «conexión suficiente» y la «intención del legislador». Estos criterios, que se han ido desarrollando y refinando a lo largo de la jurisprudencia del TJUE, ofrecen un marco para analizar la aplicación extraterritorial del Derecho de la UE y para evaluar la legitimidad del «Efecto Bruselas» en diferentes contextos.

Para clarificar los criterios que rigen la aplicación extraterritorial del Derecho de la UE, la siguiente tabla resume las características principales del efecto constitutivo, la conexión suficiente y la intención del legislador:

---

68. *Vid.* Hornkohl L., «The Extraterritorial Application of Statutes and Regulations in EU Law», *Max Planck Institute Luxembourg for Procedural Law Research Paper Series*, 2022; (1).

69. *Vid.* Schütze R., «The Extraterritorial Effects of EU Law: A Concept in Search of Limits,» *Oxford Journal of Legal Studies*, vol. 31, no. 4, 2011, pp. 669-95.

Tabla 2. Criterios del TJUE para la aplicación extraterritorial del Derecho de la UE

Criterio	Definición	Ámbito de aplicación	Jurisprudencia relevante
Efecto constitutivo	La normativa de la UE se aplica a conductas realizadas fuera de la UE si tienen un impacto directo, sustancial y previsible en el mercado interior.	Principalmente Derecho de la competencia.	*Wood Pulp* (Asuntos acumulados 89/85, 104/85, 114/85, 116/85, 117/85 y 125/85 a 129/85)
Conexión suficiente	Se requiere un vínculo o nexo relevante entre la situación regulada y el territorio de la UE o los intereses de la Unión.	Protección de datos, medio ambiente, derecho laboral, entre otros.	*Google Spain* (C-131/12), *Schrems I* (C-311/18), *Carpenter* (C-60/00)
Intención del legislador	La voluntad del legislador europeo de que una norma tenga efectos extraterritoriales, ya sea expresa o implícita.	Se aplica en la interpretación de normas cuyo alcance extraterritorial no es explícito.	*ERTA* (22/70)

Fuente: Elaboración propia.

3.2.1.1. Efecto constitutivo

El criterio del «efecto constitutivo» se ha aplicado principalmente en el ámbito del Derecho de la competencia de la UE, donde la Unión ha mostrado una firme determinación en la protección del mercado interior y la lucha contra las prácticas anticompetitivas que puedan distorsionar la competencia y perjudicar a los consumidores. Este criterio establece que la normativa comunitaria de competencia puede aplicarse a conductas realizadas fuera del territorio de la UE, si estas conductas tienen un impacto directo, sustancial y previsible en el mercado interior[70].

El principio del «efecto constitutivo» permite a la UE extender su jurisdicción a empresas con sede fuera del bloque, cuando sus prácticas anticompetitivas afectan al funcionamiento del mercado interior, garantizando la eficacia de la normativa de la UE y la protección de los consumidores europeos. El TJUE, en su jurisprudencia, ha aplicado este criterio en numerosos casos, estableciendo precedentes importantes para la aplicación extraterritorial del Derecho de la competencia.

El caso *Wood Pulp* de 1988 es un ejemplo paradigmático de la aplicación del criterio del «efecto constitutivo». En este caso, el TJUE consideró que un cártel de productores de pasta de papel, con sede fuera de la UE, estaba sujeto a la normativa comunitaria de competencia, ya que sus prácticas anticompe-

---

70. *Vid.* Craig P, De Búrca G., *EU Law: Text, Cases, and Materials*, 5ª ed., Oxford University Press, Oxford, 2011.

titivas tenían un impacto directo, sustancial y previsible en el mercado interior de la Unión.[71] Esta sentencia sentó un precedente fundamental para la aplicación extraterritorial del Derecho de la competencia, y ha sido utilizada por el TJUE en numerosos casos posteriores.

3.2.1.2. Conexión suficiente

El criterio de la «conexión suficiente», a diferencia del «efecto constitutivo», se aplica en una variedad de ámbitos del Derecho de la UE, más allá del Derecho de la competencia. Este criterio establece que, para que una norma de la UE tenga efectos extraterritoriales, debe existir una conexión o vínculo suficiente entre la situación regulada y el territorio de la UE o los intereses de la Unión. La existencia de esta «conexión suficiente» justifica la aplicación del Derecho de la UE a situaciones que, aunque se produzcan fuera del territorio del bloque, tengan una vinculación relevante con la UE o sus intereses.[72]

La determinación de la existencia de una «conexión suficiente» es un proceso complejo y casuístico, que depende de las circunstancias específicas de cada caso y de la interpretación de la normativa de la UE y la jurisprudencia del TJUE. El Tribunal, en sus sentencias, ha considerado diferentes factores para evaluar la existencia de una «conexión suficiente», como el domicilio o residencia de las partes, el lugar de celebración del contrato, el lugar de ejecución de la prestación, el lugar donde se produce el daño, la nacionalidad de las víctimas o la ubicación de los activos o bienes afectados.

El RGPD, por ejemplo, se aplica extraterritorialmente a empresas con sede fuera de la UE que ofrecen bienes o servicios a ciudadanos de la UE o que monitorizan su comportamiento en línea. En este caso, la «conexión suficiente» se establece por la residencia de los interesados (ciudadanos de la UE) y por el hecho de que la empresa dirige sus actividades al mercado europeo, independientemente de su ubicación geográfica.

La aplicación extraterritorial del RGPD refleja la importancia que la UE otorga a la protección de datos personales como un derecho fundamental y su determinación en proteger a sus ciudadanos, incluso cuando sus datos son tratados por empresas ubicadas fuera del territorio de la Unión.

3.2.1.3. Intención del legislador.

El criterio de la «intención del legislador» se centra en la voluntad del legislador europeo de otorgar a una norma de la UE efectos extraterritoriales. Esta intención puede estar expresamente plasmada en el texto de la norma, a través de una disposición específica que defina su ámbito de aplicación territorial. En otros casos, la intención del legislador puede no estar explícita en la norma, y

---

71. *Vid.* Chalmers D, Davies G, Monti G., «European Union Law», Cambridge University Press, Cambridge, 2010.

72. *Vid.* Kaczorowska A., *The Extraterritorial Effect of EU Law*, Hart Publishing, Oxford, 2013.

debe ser deducida por el intérprete a partir de la finalidad de la norma, el contexto en el que se adoptó, los trabajos preparatorios y las declaraciones del legislador durante el proceso legislativo.[73]

El TJUE, en su jurisprudencia, ha recurrido al criterio de la «intención del legislador» para justificar la aplicación extraterritorial de normas de la UE que no establecen de forma expresa su alcance territorial. En estos casos, el Tribunal ha considerado que la aplicación extraterritorial es necesaria para garantizar la eficacia de la norma, para evitar que se eludan las normas comunitarias o para proteger los intereses de la Unión, en consonancia con la voluntad del legislador europeo.

3.2.2. Desafíos en la aplicación de los criterios.

La delimitación del ámbito territorial del «Efecto Bruselas», en la práctica, puede ser un desafío, debido a la complejidad del fenómeno, la falta de una definición unívoca del «Efecto Bruselas», las tensiones con la soberanía de los Estados terceros y la evolución constante del Derecho de la UE.

La jurisprudencia del TJUE, si bien ha proporcionado criterios e ilustrada con ejemplos, no ha establecido un marco jurídico exhaustivo y completamente definido para determinar cuándo una norma de la UE tiene efectos extraterritoriales. La aplicación de los criterios, por lo tanto, requiere un análisis minucioso de las circunstancias específicas de cada caso y una interpretación de la normativa de la UE y de la jurisprudencia del TJUE que no siempre es sencilla.

Entre las principales dificultades que se plantean en la aplicación de los criterios, se encuentran:

— **Vaguedad de algunos criterios:** Criterios como la «conexión suficiente» o la «intención del legislador» pueden ser ambiguos e imprecisos, lo que dificulta su aplicación objetiva y uniforme en diferentes casos. La determinación de la existencia de una «conexión suficiente», por ejemplo, puede depender de la interpretación del juez y de los factores que considere relevantes en cada caso, lo que puede generar incertidumbre jurídica.

— **Falta de una definición clara del «Efecto Bruselas»:** La ausencia de una definición legal precisa del «Efecto Bruselas» complica la delimitación de su ámbito de aplicación territorial. El TJUE, aunque ha utilizado el término en algunas sentencias, no ha ofrecido una definición que permita determinar con claridad qué normas de la UE tienen efectos

---

73. *Vid.* Morcillo Pazos A., *El reglamento europeo de protección de datos y el Efecto Bruselas: ¿un modelo para países en desarrollo?* [Trabajo Fin de Grado], Universitat Autònoma de Barcelona, Barcelona, 2021.

extraterritoriales y bajo qué circunstancias. Esta falta de claridad puede generar inseguridad jurídica y dificultar la aplicación coherente del Derecho de la UE.

— **Tensiones con la soberanía de los Estados terceros:** La aplicación extraterritorial del Derecho de la UE inevitablemente genera tensiones con la soberanía de los Estados terceros, que pueden considerar que la UE está invadiendo su jurisdicción e interfiriendo en sus asuntos internos. El TJUE, en su jurisprudencia, ha tratado de equilibrar la necesidad de proteger los intereses de la UE con el respeto a la soberanía de los Estados, pero este equilibrio es delicado y puede ser difícil de mantener en la práctica. La aplicación extraterritorial del Derecho de la UE debe realizarse con respeto al Derecho internacional Público y a los principios de no intervención y cooperación entre los Estados.

— **Complejidad del Derecho internacional privado:** La aplicación extraterritorial del Derecho de la UE se enmarca en el complejo contexto del Derecho internacional Privado, que regula las relaciones jurídicas entre particulares de diferentes Estados y la determinación de la ley aplicable en situaciones con elementos extranjeros. La interacción entre el Derecho de la UE y el Derecho internacional Privado puede generar dificultades prácticas, ya que no siempre es fácil conciliar los principios y las normas de ambos ordenamientos jurídicos. La aplicación del Derecho de la UE en situaciones con elementos extranjeros debe ser coherente con las normas del Derecho internacional Privado, para evitar conflictos de jurisdicción y garantizar la seguridad jurídica.

— **Evolución constante del Derecho de la UE:** El Derecho de la UE es un sistema jurídico dinámico y en constante evolución, y la jurisprudencia del TJUE se actualiza permanentemente. Esta constante evolución dificulta la creación de un marco jurídico estable para la aplicación extraterritorial del Derecho de la UE, ya que los criterios aplicados por el TJUE pueden ser modificados o reinterpretados en el futuro. La aplicación del Derecho de la UE en el ámbito extraterritorial debe ser flexible y adaptable a la evolución del Derecho comunitario y del Derecho internacional.

— **Diversidad de los ordenamientos jurídicos de los terceros países:** La aplicación extraterritorial del Derecho de la UE debe considerar la diversidad de los ordenamientos jurídicos de los terceros países, que pueden tener normas y principios diferentes a los del Derecho comunitario. El TJUE, en su jurisprudencia, ha reconocido la importancia de la «comity», o cortesía internacional, en la aplicación extraterritorial del Derecho de la UE, lo que significa que la UE debe respetar, en la medida de lo posible, las normas y los principios del Derecho de los terceros países, siempre que no contradigan los intereses fundamentales de la Unión o los principios del Derecho internacional.

3.2.3. El alcance territorial del «Efecto Bruselas»: Análisis de casos específicos.

El estudio de casos específicos de aplicación extraterritorial del Derecho de la UE es fundamental para comprender el alcance territorial del «Efecto Bruselas» y las diferentes formas en que se manifiesta en la práctica. El RGPD, la DMA y las directivas europeas sobre sostenibilidad corporativa, que ya han sido mencionados en el análisis del ámbito material del «Efecto Bruselas», ofrecen ejemplos concretos de cómo el Derecho de la UE se proyecta más allá de las fronteras de la Unión y de los desafíos que plantea esta proyección para la delimitación de su ámbito territorial.

3.2.3.1. El Reglamento General de Protección de Datos y la expansión del «Efecto Bruselas» a Latinoamérica.

El RGPD, con su alcance extraterritorial explícito, ha tenido un impacto profundo en la regulación de la protección de datos personales a nivel global. La influencia del RGPD se ha extendido a Latinoamérica, donde varios países han adoptado o reformado su legislación en materia de protección de datos, inspirándose en el modelo europeo. Esta expansión del «Efecto Bruselas» a Latinoamérica ilustra el alcance territorial del RGPD y su capacidad para influir en la legislación de terceros países, incluso en aquellos que no tienen una relación jurídica directa con la UE[74].

La aplicación del RGPD a empresas con sede fuera de la UE que ofrecen bienes o servicios a ciudadanos de la Unión o que monitorizan su comportamiento en línea, ha generado un debate sobre los límites de la jurisdicción extraterritorial de la UE y la soberanía de los Estados terceros.

Algunos autores han criticado la aplicación extraterritorial del RGPD, argumentando que la UE está imponiendo sus normas a empresas que no tienen una conexión real con el territorio de la Unión y que esta práctica puede generar conflictos con el Derecho internacional y afectar negativamente a las relaciones comerciales entre la UE y los terceros países.

3.2.3.2. La Ley de Mercados Digitales y la regulación global de las plataformas digitales.

La DMA, que entró en vigor en noviembre de 2022, busca regular el comportamiento de las grandes plataformas digitales que operan en el mercado interior de la UE, con el objetivo de garantizar la competencia, la innovación y la protección de los consumidores en el sector digital. Aunque la DMA, en

---

74. *Vid*. Morcillo Pazos A., *El reglamento europeo de protección de datos y el Efecto Bruselas: ¿un modelo para países en desarrollo?* [Trabajo Fin de Grado], Universitat Autònoma de Barcelona, Barcelona, 2021.

principio, se aplica a las plataformas digitales que operan en el mercado interior, se espera que tenga un impacto global, debido al «Efecto Bruselas».

Las grandes plataformas digitales, para evitar los costes de cumplimiento asociados a la aplicación de diferentes normativas en diferentes jurisdicciones, tenderán a aplicar los estándares europeos a nivel global, lo que extenderá la influencia de la DMA más allá del territorio de la UE.[75] Esta armonización global en el ámbito digital, impulsada por el «Efecto Bruselas», plantea desafíos para la soberanía de los Estados y la gobernanza de Internet. La DMA, al igual que otras normas de la UE con efectos extraterritoriales, puede generar tensiones con terceros países, especialmente con aquellos que tienen un modelo de regulación diferente al europeo.

3.2.3.3. Las directivas europeas sobre sostenibilidad y el alcance extraterritorial del «Efecto Bruselas».

Las directivas europeas sobre sostenibilidad, como la CSRD, la CSDDD y la Directiva sobre Green Claims, se aplican a una amplia gama de empresas que operan en el mercado único europeo, incluidas las filiales y sucursales de empresas extracomunitarias.

Estas directivas, que exigen a las empresas que informen sobre sus impactos en materia ambiental, social y de gobernanza, y que implementen políticas y prácticas de debida diligencia en materia de sostenibilidad, pueden influir en las prácticas empresariales y en la legislación de terceros países, impulsando la adopción de estándares de sostenibilidad más rigurosos a nivel global.

La aplicación extraterritorial de estas directivas, sin embargo, también genera desafíos para las empresas extracomunitarias, que deben adaptar sus prácticas y sus sistemas de gestión para cumplir con los requisitos de la UE. El cumplimiento de estas directivas puede suponer un coste significativo para las empresas, lo que ha generado un debate sobre las implicaciones del «Efecto Bruselas» para la competitividad de las empresas de terceros países.

3.2.4 El ámbito territorial del «Efecto Bruselas»: Conclusiones.

El ámbito de aplicación territorial del «Efecto Bruselas» es un aspecto complejo, dinámico y multifacético que refleja la creciente influencia normativa de la UE en el escenario global. El TJUE, a través de su jurisprudencia, ha desarrollado una serie de criterios para determinar cuándo una norma de la UE tiene efectos extraterritoriales, pero la aplicación de estos criterios en la práctica no siempre es sencilla, debido a la ambigüedad de algunos conceptos, a la

---

75. Vid. Ribera Martínez A., «La senda del Efecto Bruselas en la DMA en Latinoamérica,» *Lat Am Law Rev.*, vol. 11, 2023, pp. 93-110.

falta de una definición precisa del «Efecto Bruselas», a las tensiones con la soberanía de los Estados terceros y a la evolución constante del Derecho de la UE. El análisis de casos específicos, como el RGPD, la DMA y las directivas europeas sobre sostenibilidad corporativa, muestra la diversidad del ámbito territorial del «Efecto Bruselas». La UE, a través de sus normativas en diferentes campos, está proyectando sus normas y estándares a nivel global, influyendo en las prácticas de las empresas, la legislación de los Estados y la gobernanza global. El «Efecto Bruselas», como fenómeno jurídico en constante evolución, plantea importantes desafíos para la soberanía de los Estados, el Derecho internacional y el futuro de la globalización. Para ilustrar la diversidad en la aplicación territorial del «Efecto Bruselas», la siguiente tabla compara su alcance en diferentes ámbitos del Derecho de la UE, presentando ejemplos de normativa relevante y los criterios utilizados por el TJUE:

Tabla 3. Comparación de alcance del «Efecto Bruselas» en el Derecho de la UE

Ámbito del Derecho	Ejemplos de normativa con alcance extraterritorial	Criterios del TJUE para la aplicación extraterritorial
Competencia	Reglamento 1/2003 sobre control de concentraciones; Artículos 101 y 102 TFUE.	«Efecto constitutivo»: la conducta, aunque realizada fuera de la UE, debe tener un impacto directo, sustancial y previsible en el mercado interior. (Casos *Wood Pulp, Gencor/Lonrho*)
Protección de datos	Reglamento General de Protección de Datos (RGPD)	Principio de establecimiento (art. 3.1): se aplica a responsables o encargados establecidos en la UE, independientemente de dónde se realice el tratamiento. Criterio de la «oferta de bienes o servicios» (art. 3.2): se aplica a responsables no establecidos en la UE que ofrezcan bienes o servicios a interesados en la UE o que monitoricen su comportamiento.
Derecho ambiental	Directiva de Aves (2009/147/CE); Directiva Marco del Agua (2000/60/CE); Reglamento EU ETS	Conexión suficiente con el territorio de la UE o los intereses de la Unión, considerando la naturaleza transfronteriza de los problemas ambientales. (Caso *Bacalao de Groenlandia*)
Derecho laboral	Reglamento (UE) 2016/679 (RGPD), Directiva sobre el tiempo de trabajo	Se aplica principalmente a trabajadores desplazados o en situación de teletrabajo transfronterizo, cuando existe una conexión suficiente con un Estado miembro (lugar de residencia habitual del trabajador, lugar de establecimiento del empleador). Se consideran también los acuerdos internacionales en materia de seguridad social.

Fuente: Elaboración propia.

3.3. LÍMITES DEL «EFECTO BRUSELAS».

El «Efecto Bruselas», como manifestación de la creciente influencia normativa de la Unión Europea en el escenario global, se encuentra con límites fundamentales que impiden su aplicación indiscriminada y desproporcionada.[76] A pesar de su alcance extraterritorial, el Derecho de la UE no puede operar en un vacío jurídico, sino que debe articularse con el Derecho internacional Público, respetar la soberanía de los Estados terceros y observar el principio de no injerencia en asuntos internos.[77] Estos límites, que han sido objeto de análisis por parte del Tribunal de Justicia de la Unión Europea (TJUE), la doctrina jurídica y los expertos en Derecho internacional, son cruciales para garantizar una aplicación equilibrada del Derecho comunitario, que promueva la cooperación entre Estados y evite tensiones en las relaciones internacionales.

3.3.1 El Derecho internacional público como límite al «Efecto Bruselas».

El Derecho internacional Público, como conjunto de normas y principios que rigen las relaciones entre los Estados y otros sujetos de Derecho internacional, constituye un límite infranqueable al «Efecto Bruselas». La primacía del Derecho de la UE, que es un principio fundamental del ordenamiento jurídico comunitario, no puede interpretarse como una autorización para que la UE ignore o vulnere las normas del Derecho internacional.

La aplicación extraterritorial del Derecho de la UE no puede contradecir las normas imperativas del Derecho internacional (*ius cogens*), que son normas fundamentales que protegen valores esenciales de la comunidad internacional, como la prohibición del uso de la fuerza, la prohibición del genocidio, la prohibición de la tortura y la prohibición de la esclavitud. Tampoco puede vulnerar las obligaciones internacionales que la UE ha asumido libremente en los Tratados internacionales, ya sean tratados bilaterales o multilaterales.[78] El TJUE, en su jurisprudencia, ha reconocido la importancia del Derecho internacional como límite al «Efecto Bruselas», y ha anulado normas de la UE que consideraba contrarias al Derecho internacional.

---

76. *Vid.* Schütze R., «The Extraterritorial Effects of EU Law: A Concept in Search of Limits,» *Oxford Journal of Legal Studies*, vol. 31, no. 4, 2011, pp. 669-95.

77. *Vid.* Wessel R.A., *The European Union and the WTO: Legal and Constitutional Issues*, Oxford University Press, Oxford, 2011.

78. *Vid.* Shaw MN., *International Law*, 8ª ed., Cambridge University Press, Cambridge, 2017.

3.3.2 Soberanía de los Estados y no injerencia.

El principio de soberanía de los Estados, consagrado en la Carta de las Naciones Unidas, es otro límite fundamental al «Efecto Bruselas». La soberanía implica que los Estados tienen el derecho exclusivo a ejercer su autoridad dentro de su territorio y a regular sus propios asuntos internos, sin interferencias externas. La aplicación extraterritorial del Derecho de la UE debe respetar la soberanía de los Estados terceros, evitando interferir en asuntos que son esencialmente de su jurisdicción interna.

El principio de no injerencia en asuntos internos, que deriva del principio de soberanía, prohíbe a los Estados interferir en los asuntos que son esencialmente de la jurisdicción doméstica de otro Estado. La aplicación extraterritorial del Derecho de la UE no puede utilizarse para imponer a terceros países un modelo político, económico o social específico, ni para influir en sus decisiones soberanas.

El TJUE, en su jurisprudencia, ha reconocido la importancia del principio de no injerencia como límite al «Efecto Bruselas», y ha señalado que la aplicación extraterritorial del Derecho comunitario debe ser proporcional a los objetivos que se persiguen y no debe ir más allá de lo necesario para proteger los intereses legítimos de la Unión[79].

3.3.3 Proporcionalidad y subsidiariedad en el contexto extraterritorial.

Los principios de proporcionalidad y subsidiariedad, que son principios generales del Derecho de la UE, también se aplican a la dimensión extraterritorial del Derecho comunitario. El principio de proporcionalidad exige que las medidas adoptadas por la UE sean adecuadas, necesarias y proporcionales a los objetivos que se pretenden alcanzar. En el contexto extraterritorial, esto significa que la aplicación del Derecho de la UE debe ser la medida menos restrictiva posible para lograr los objetivos legítimos de la Unión y que no debe generar cargas desproporcionadas para las empresas o los ciudadanos de terceros países.

El principio de subsidiariedad, por su parte, establece que en los ámbitos que no sean de su competencia exclusiva, la UE solo debe actuar cuando los objetivos de la acción propuesta no puedan ser alcanzados de manera suficiente por los Estados miembros, ni a nivel central, regional o local, sino que, debido a la dimensión o a los efectos de la acción propuesta, puedan lograrse mejor a nivel de la Unión. En el contexto extraterritorial, el principio de subsidiariedad implica que la aplicación del Derecho de la UE solo se justifica si

---

79. *Vid.* Craig P, De Búrca G., *EU Law: Text, Cases, and Materials*, 5ª ed., Oxford University Press, Oxford, 2011.

la acción de la Unión es necesaria para alcanzar un objetivo que no pueda ser logrado de manera suficiente por los Estados miembros, actuando individualmente o de forma coordinada.

3.3.4 La «Autonomía Estratégica Abierta» y la cooperación multilateral.

El concepto de «autonomía estratégica abierta», que guía la política exterior de la UE en los últimos años, busca dotar a la Unión de las herramientas necesarias para defender sus intereses y promover sus valores en un mundo cada vez más complejo y multipolar. Sin embargo, la búsqueda de autonomía por parte de la UE no debe hacerse a expensas de la cooperación multilateral, sino que debe articularse con el Derecho internacional y el respeto a la soberanía de los Estados.

La «autonomía estratégica abierta» implica que la UE debe ser capaz de actuar de forma autónoma cuando sea necesario para proteger sus intereses, pero también debe estar dispuesta a cooperar con otros Estados y organizaciones internacionales para afrontar los desafíos globales. La cooperación multilateral, a través de la negociación de acuerdos internacionales, la participación en foros multilaterales y la promoción de un orden internacional basado en reglas, es esencial para la legitimidad y la eficacia del «Efecto Bruselas».

Una aplicación del Derecho de la UE que ignore el Derecho internacional y la soberanía de los Estados generaría tensiones y conflictos y, en última instancia, limitaría la capacidad de la UE para proyectar su influencia normativa a nivel global[80].

3.3.5 Los nuevos instrumentos de política comercial y el riesgo de tensiones con terceros países.

Los nuevos instrumentos de política comercial de la UE, como el instrumento contra acciones coercitivas, el instrumento de contratación internacional o el mecanismo de ajuste en frontera por carbono, buscan fortalecer la posición de la UE en el escenario global y defender sus intereses comerciales. Sin embargo, estos instrumentos, debido a su naturaleza y alcance extraterritorial, también pueden generar tensiones con terceros países, lo que puede limitar su eficacia y socavar la legitimidad del «Efecto Bruselas».

La aplicación de estos instrumentos debe realizarse con cautela y con pleno respeto al Derecho internacional y a la soberanía de los Estados. La UE debe evitar que estos instrumentos sean percibidos como medidas proteccionistas o

---

80. *Vid*. Feás E., «La estrategia de política comercial de la UE y sus implicaciones para España,» en *ARI Real Instituto Elcano*, n° 79, 2021.

discriminatorias y debe promover el diálogo con los terceros países para buscar soluciones que sean mutuamente beneficiosas. La imposición unilateral de las normas de la UE, sin la cooperación y el consentimiento de los terceros países afectados, puede generar un rechazo al «Efecto Bruselas» y dificultar la proyección de la influencia normativa de la UE a nivel global[81].

3.3.6 La sostenibilidad corporativa, la inversión sostenible y el desarrollo.

La regulación europea en materia de sostenibilidad corporativa, que también se aplica a las filiales y sucursales de empresas extracomunitarias que operan en el mercado único europeo, tiene como objetivo promover prácticas empresariales más responsables y sostenibles, minimizando el impacto negativo de la actividad empresarial en el medio ambiente, los Derechos humanos y la sociedad. Si bien esta regulación puede contribuir a la armonización de los estándares de sostenibilidad a nivel global y a la promoción de la inversión sostenible, también genera importantes desafíos.

Uno de los principales desafíos es el riesgo de que la normativa europea sobre sostenibilidad desincentive la inversión en terceros países, especialmente en los países en desarrollo. Si las empresas perciben que la regulación de la UE genera costes excesivos o dificulta la inversión, podrían decidir trasladar sus inversiones a jurisdicciones con regulaciones menos exigentes en materia de sostenibilidad. Este fenómeno, que se conoce como «fuga de carbono» o «carrera hacia el abismo» en el ámbito ambiental, limitaría el impacto del «Efecto Bruselas» en la promoción de la sostenibilidad a nivel global y perpetuaría las prácticas empresariales insostenibles en los países con regulaciones más laxas.

La UE, para mitigar este riesgo, debe promover la cooperación internacional en materia de sostenibilidad, fomentar el diálogo con los terceros países y buscar la armonización regulatoria a través de la negociación de acuerdos internacionales y la participación en foros multilaterales. La UE también debe ofrecer asistencia técnica y financiera a los países en desarrollo, para que puedan implementar las normas de sostenibilidad de forma efectiva y sin poner en riesgo su desarrollo económico.

---

81. *Vid.* Guinea Ibáñez O., «La autonomía estratégica abierta: nuevas herramientas para un mundo geopolítico,» en *ICE*, no. 930, 2023, pp. 71-83.

3.3.7 El Reglamento General de Protección de Datos, los países en desarrollo y la búsqueda de un equilibrio.

El RGPD, si bien establece un alto nivel de protección de datos personales y ha influido en la legislación de terceros países, también plantea desafíos para los países en desarrollo, que pueden tener dificultades para adaptar sus marcos jurídicos y sus infraestructuras tecnológicas a las exigencias del Reglamento. Los costes de adaptación para cumplir con el RGPD, la falta de recursos y la necesidad de fortalecer las instituciones de protección de datos pueden ser barreras importantes para la implementación efectiva del RGPD en los países en desarrollo.

Además, las diferencias en los contextos culturales y jurídicos entre la UE y los países en desarrollo pueden dificultar la aplicación del modelo europeo de protección de datos. La UE, para promover la protección de datos a nivel global, debe tener en cuenta estas diferencias y ofrecer asistencia técnica y financiera a los países en desarrollo, para que puedan implementar las normas de protección de datos de forma efectiva, respetando sus particularidades y sin comprometer su desarrollo económico y social.

La búsqueda de una decisión de adecuación por parte de la Comisión Europea, que permitiría la libre circulación de datos entre la UE y el tercer país, puede ser un incentivo para que los países en desarrollo adopten normas de protección de datos similares al RGPD. Sin embargo, la obtención de una decisión de adecuación es un proceso complejo y exigente, y muchos países en desarrollo pueden tener dificultades para cumplir con todos los requisitos. La UE, para facilitar este proceso, debe ofrecer apoyo técnico a los países en desarrollo y simplificar los procedimientos de evaluación de la adecuación, sin comprometer el nivel de protección de datos.

3.3.8 La jurisprudencia del TJUE y los límites a la extraterritorialidad.

El TJUE, a través de su jurisprudencia, ha ido delimitando el alcance del «Efecto Bruselas», estableciendo límites a la aplicación extraterritorial del Derecho de la UE y buscando un equilibrio entre la protección de los intereses de la Unión y el respeto al Derecho internacional y la soberanía de los Estados.

La jurisprudencia del TJUE en casos relacionados con la aplicación extraterritorial del Derecho de la UE, como los casos *Kadi* y *Schrems II*, ha sentado precedentes importantes y ha contribuido a la construcción de un marco jurídico para la aplicación extraterritorial del Derecho comunitario.

En el caso *Kadi*, el TJUE anuló un reglamento de la UE que aplicaba sanciones de la ONU a personas sospechosas de terrorismo, al considerar que el reglamento vulneraba los Derechos fundamentales de los afectados, al no garantizarles el derecho a un juicio justo y a la defensa.[82] Esta sentencia establece un límite al «Efecto Bruselas», al reconocer que la aplicación extraterritorial del Derecho de la UE no puede justificarse cuando se vulneran los Derechos fundamentales.

En el caso *Schrems II*, el TJUE invalidó el acuerdo «Privacy Shield» entre la UE y los Estados Unidos, que permitía la transferencia de datos personales de ciudadanos europeos a empresas estadounidenses. El Tribunal consideró que el acuerdo no ofrecía un nivel adecuado de protección de datos, comparable al garantizado en la UE, y que por lo tanto vulneraba los derechos de los ciudadanos europeos.

Esta sentencia, que ha tenido un gran impacto en las relaciones entre la UE y los Estados Unidos, ilustra la importancia que el TJUE otorga a la protección de datos y su disposición a limitar la aplicación extraterritorial del Derecho de la UE cuando considera que se vulneran los Derechos fundamentales.

3.3.9 Tensiones entre el «Efecto Bruselas» y el Derecho internacional: La búsqueda de soluciones.

La aplicación extraterritorial del Derecho de la UE puede generar tensiones y conflictos con el Derecho internacional y la soberanía de los Estados, lo que ha dado lugar a un intenso debate académico y político sobre la legitimidad y las implicaciones del «Efecto Bruselas».

Algunos autores consideran que el «Efecto Bruselas» es una manifestación del «imperialismo regulatorio» de la UE, donde la Unión impone sus normas a terceros países sin su consentimiento y sin tener en cuenta sus particularidades. Otros autores, en cambio, defienden el «Efecto Bruselas» como una herramienta para promover valores universales, como la protección de los Derechos humanos, el medio ambiente o la lucha contra la corrupción, y consideran que la influencia normativa de la UE puede contribuir a la mejora de los estándares y las prácticas a nivel global.

La UE, para mitigar las tensiones con el Derecho internacional y promover una aplicación del «Efecto Bruselas» que sea compatible con el ordenamiento jurídico internacional, debe actuar con prudencia y buscar la cooperación con los terceros países. La armonización regulatoria, a través de la negociación de acuerdos internacionales, la participación en foros multilaterales y la promoción de un diálogo constructivo con los Estados, puede ser una vía para reducir las tensiones y promover una aplicación del «Efecto Bruselas» que sea legítima, eficaz y respetuosa con la soberanía de los Estados y el Derecho internacional.

---

82. TJCE. Sentencia de 3 de septiembre de 2008. Asunto C-402/05 P y C-415/05 P: Yassin Abdullah Kadi y Al Barakaat International Foundation contra Consejo de la Unión Europea y Comisión de las Comunidades Europeas. Rec. 2008, p. I-6351.

Para sintetizar las tensiones que surgen entre el «Efecto Bruselas» y el Derecho Internacional, y las posibles soluciones para lograr una mayor coherencia entre ambos sistemas, se presenta la siguiente tabla:

Tabla 4. Tensiones y posibles soluciones entre el «Efecto Bruselas» y el Derecho Internacional

Tensión	Posibles soluciones
Conflicto con la soberanía de los Estados terceros.	Mayor participación de los terceros países en la elaboración de normas de la UE con alcance extraterritorial; negociación de acuerdos internacionales que armonicen los estándares; reconocimiento de las decisiones de las autoridades de terceros países.
Vulneración del principio de no injerencia en asuntos internos.	Aplicación del Derecho de la UE de forma proporcional y subsidiaria; limitar la aplicación extraterritorial a casos en los que exista una conexión suficiente con la UE y en los que la acción de la Unión sea necesaria para proteger sus intereses esenciales.
Extralimitación de los límites a la jurisdicción extraterritorial.	Definición más precisa del alcance territorial del Derecho de la UE; cooperación judicial internacional para evitar conflictos de jurisdicción; reconocimiento mutuo de decisiones judiciales.
Incoherencia con las normas del Derecho Internacional Público.	Evaluaciones de impacto de la normativa de la UE en el Derecho Internacional; participación de la UE en foros multilaterales para promover la armonización regulatoria; adaptación del Derecho de la UE para garantizar su compatibilidad con el Derecho Internacional.
Posible vulneración de los derechos humanos en terceros países.	Incorporación de cláusulas de derechos humanos en los acuerdos comerciales y de cooperación; condicionalidad de la ayuda al desarrollo al respeto de los derechos humanos; promoción del diálogo y la cooperación con terceros países en materia de derechos humanos.

Fuente: Elaboración propia.

3.3.10 Conclusiones: Límites y oportunidades del «Efecto Bruselas».

El «Efecto Bruselas», como fenómeno que refleja la creciente influencia normativa de la UE en el mundo, no opera en un vacío jurídico, sino que se encuentra con límites y restricciones derivados del Derecho internacional Público, la soberanía de los Estados, el principio de no injerencia en asuntos internos, y los principios de proporcionalidad y subsidiariedad. El TJUE, en su jurisprudencia, ha reconocido la importancia de estos límites, buscando un equilibrio entre la protección de los intereses de la UE y el respeto al ordenamiento jurídico internacional.

La «autonomía estratégica abierta», que busca dotar a la UE de mayor capacidad de acción en el escenario global, debe ejercerse con prudencia y con pleno respeto a los límites del «Efecto Bruselas». La cooperación multilateral, el diálogo con los Estados y la armonización regulatoria son esenciales para garantizar que el «Efecto Bruselas» contribuya a una gobernanza global basada en el respeto al Derecho internacional, la cooperación entre Estados y la protección de los Derechos humanos. El «Efecto Bruselas», si se aplica de forma responsable y con respeto a sus límites, puede ser una herramienta para promover valores y estándares europeos a nivel global, contribuyendo a la construcción de un orden internacional más justo, sostenible y equitativo.

3.4. LA INTERACCIÓN CON EL DERECHO INTERNACIONAL.

El «Efecto Bruselas», como fenómeno que refleja la creciente influencia normativa de la Unión Europea en el escenario global, se desarrolla en un contexto jurídico complejo, donde la interacción con el Derecho internacional Público es un factor determinante para su alcance, sus límites y su legitimidad.[83] La aplicación extraterritorial del Derecho de la UE, que es la esencia del «Efecto Bruselas», no puede considerarse aisladamente, sino que debe analizarse en su relación con las normas y los principios que rigen las relaciones entre los Estados y otros sujetos de Derecho internacional.[84] El TJUE, en su jurisprudencia, ha reconocido la importancia del Derecho internacional como marco jurídico para la acción exterior de la UE y ha buscado un equilibrio entre la primacía del Derecho comunitario y el respeto a las normas y principios del Derecho internacional. Este equilibrio, que no siempre es fácil de lograr, se ha construido a través de la interpretación de los Tratados, el análisis de la jurisprudencia internacional y la consideración de la doctrina jurídica y las opiniones de los expertos.

---

83. *Vid.* Bradford A., *The Brussels Effect: How the European Union Rules the World*, Oxford University Press, Oxford, 2020.
84. *Vid.* Schütze R., «The Extraterritorial Effects of EU Law: A Concept in Search of Limits,» *Oxford Journal of Legal Studies*, vol. 31, no. 4, 2011, pp. 669-95.

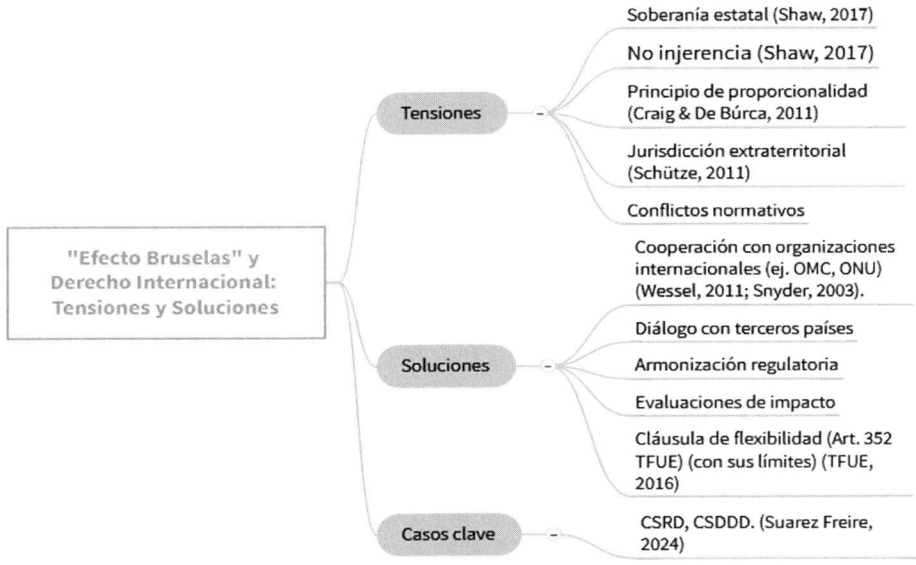

Figura 3. Interacción del «Efecto Bruselas» con el Derecho internacional.

3.4.1 El «Efecto Bruselas» en el marco del Derecho internacional público.

El Derecho internacional Público, como cuerpo normativo que regula las relaciones entre Estados y otros sujetos de Derecho internacional, establece un conjunto de normas y principios que limitan y condicionan la aplicación extraterritorial del Derecho de la UE. El «Efecto Bruselas», por lo tanto, debe articularse con las normas de Derecho internacional Público, incluyendo los tratados internacionales, la costumbre internacional, los principios generales del Derecho y las resoluciones de las organizaciones internacionales.

La Carta de las Naciones Unidas, como instrumento fundamental del Derecho internacional, consagra principios esenciales que la UE debe observar en sus relaciones con terceros países, como el principio de igualdad soberana de los Estados, el principio de no intervención en asuntos internos, el principio de arreglo pacífico de controversias y la prohibición del uso de la fuerza. La aplicación extraterritorial del Derecho de la UE no puede vulnerar estos principios, ni contradecir las normas imperativas del Derecho internacional (*ius cogens*), que protegen valores fundamentales de la comunidad internacional, como la prohibición del genocidio, la prohibición de la tortura y la prohibición de la discriminación racial[85].

Los tratados internacionales, ya sean bilaterales o multilaterales, a los que la UE es parte, también constituyen un límite al «Efecto Bruselas». La Unión, al igual que los Estados, está obligada a cumplir de buena fe con las disposiciones de los tratados que ha ratificado o a los que se ha adherido. La aplicación extraterritorial del Derecho de la UE no puede ser contraria a las obligaciones internacionales asumidas por la Unión en virtud de estos tratados[86]. El TJUE, en su jurisprudencia, ha reconocido la primacía del Derecho internacional sobre el Derecho de la UE en aquellos casos en los que la Unión ha asumido expresamente una obligación internacional a través de un tratado.

La costumbre internacional, como fuente de Derecho internacional que se forma a través de la práctica reiterada y uniforme de los Estados, acompañada de la convicción de que esta práctica es jurídicamente obligatoria *(opinio iuris)*, también puede influir en la aplicación extraterritorial del Derecho de la UE. La Unión, aunque no es un Estado en sentido estricto, está sujeta a las normas de la costumbre internacional, en la medida en que estas normas no contradigan los principios y las normas fundamentales del Derecho de la UE. La costumbre internacional, por lo tanto, puede actuar como un límite al «Efecto Bruselas», al restringir la capacidad de la UE para aplicar su Derecho de forma extraterritorial cuando esta aplicación sea contraria a una norma de la costumbre internacional.

3.4.2 La jurisprudencia del TJUE y la articulación entre el Derecho de la Unión Europea y el Derecho internacional.

El TJUE, como máximo intérprete del Derecho de la UE, ha desempeñado un papel esencial en la definición de la relación entre el Derecho comunitario y el Derecho internacional. A través de su jurisprudencia, el TJUE ha establecido una serie de principios que buscan garantizar la coherencia y la compatibilidad entre ambos ordenamientos jurídicos, reconociendo la primacía del Derecho de la UE sobre el Derecho interno de los Estados miembros, pero afirmando al mismo tiempo la importancia del Derecho internacional como marco jurídico para la acción exterior de la Unión.

En sus sentencias, el TJUE ha abordado la interacción del Derecho de la UE con las diferentes fuentes del Derecho internacional, incluidos los tratados internacionales, la costumbre internacional y los principios generales del Derecho. La jurisprudencia del TJUE en esta materia es esencial para comprender

---

85. *Vid.* Shaw MN., *International Law*, 8ª ed., Cambridge University Press, Cambridge, 2017.

86. *Vid.* Dixon M, McCorquodale R., *Cases and Materials on International Law*, 6ª ed., Oxford University Press, Oxford, 2019.

la posición de la UE en el sistema jurídico internacional y para analizar el alcance y los límites del «Efecto Bruselas».

En el caso *Comisión/Consejo* (1971), también conocido como el caso *ERTA* (*European Road Transport Agreement*), el TJUE estableció que los acuerdos internacionales concluidos por la Comunidad Europea (hoy Unión Europea) forman parte del ordenamiento jurídico comunitario y que, por lo tanto, son directamente aplicables en la UE. Esta sentencia, que sentó un precedente fundamental para la integración del Derecho internacional en el ordenamiento jurídico de la UE, ha sido clave para la aplicación del Derecho internacional en el contexto comunitario. El TJUE afirmó que la Comunidad, al igual que los Estados, está sujeta al Derecho internacional, y que los acuerdos internacionales que celebra tienen un efecto directo en el Derecho comunitario.[87]

En el caso *Kadi* (2008), el TJUE anuló un reglamento de la UE que aplicaba sanciones de la ONU a personas sospechosas de terrorismo, al considerar que el reglamento vulneraba los Derechos fundamentales de los afectados, al no garantizarles el derecho a un juicio justo y a la defensa. Esta sentencia, que ha sido objeto de un amplio debate académico y político, marca un hito en la jurisprudencia del TJUE sobre la relación entre el Derecho de la UE y el Derecho internacional. El TJUE, al anular el reglamento, afirmó la primacía de los Derechos fundamentales sobre las normas del Derecho internacional, incluso sobre las resoluciones del Consejo de Seguridad de la ONU. Esta sentencia establece un límite al «Efecto Bruselas», al reconocer que la aplicación extraterritorial del Derecho de la UE no puede justificarse cuando se vulneran los Derechos fundamentales.[88]

En el caso *Schrems II* (2020), mencionado con anterioridad, el TJUE invalidó el acuerdo «Privacy Shield» entre la UE y los Estados Unidos, que permitía la transferencia de datos personales de ciudadanos europeos a empresas estadounidenses. El Tribunal consideró que el acuerdo no ofrecía un nivel adecuado de protección de datos, comparable al garantizado en la UE por el RGPD, y que por lo tanto vulneraba el derecho fundamental a la protección de datos. Esta sentencia, que ha tenido un gran impacto en las relaciones transatlánticas en materia de protección de datos, ilustra la importancia que el TJUE otorga a la protección de los Derechos fundamentales y su disposición a limitar la aplicación del Derecho de la UE, incluso en el contexto de las relaciones internacionales, cuando considera que se vulneran estos derechos. La sentencia *Schrems II* también confirma la primacía del Derecho de la UE sobre los acuerdos internacionales en materia de protección de datos y refuerza el papel del TJUE como garante de los Derechos fundamentales de los ciudadanos europeos.

---

87. TJCE. Sentencia de 21 de marzo de 1971. Asunto 22-70: Comisión de las Comunidades Europeas contra Consejo de las Comunidades Europeas. Rec. 1971, p. 263.

88. TJCE. Sentencia de 3 de septiembre de 2008. Asunto C-402/05 P y C-415/05 P: Yassin Abdullah Kadi y Al Barakaat International Foundation contra Consejo de la Unión Europea y Comisión de las Comunidades Europeas. Rec. 2008, p. I-6351.

3.4.3 Mecanismos para una mayor coherencia entre el Derecho de la UE y el Derecho internacional.

La interacción entre el «Efecto Bruselas» y el Derecho internacional plantea la necesidad de encontrar mecanismos que permitan una mayor coherencia y compatibilidad entre ambos sistemas jurídicos. La UE, para promover una aplicación del «Efecto Bruselas» que sea respetuosa con el Derecho internacional, debe fortalecer su compromiso con el multilateralismo, el diálogo con los terceros países y la armonización regulatoria.

Entre los mecanismos que pueden contribuir a una mayor coherencia entre el Derecho de la UE y el Derecho internacional, se encuentran:

— **Cooperación con organizaciones internacionales:** La UE debe reforzar su cooperación con las organizaciones internacionales, como la ONU, la OMC, el Consejo de Europa y la OCDE, para promover la armonización regulatoria a nivel global y evitar conflictos entre el Derecho de la UE y el Derecho internacional. La participación activa de la UE en los foros internacionales, la promoción de los estándares y principios del Derecho comunitario en estos foros y la negociación de acuerdos internacionales que tengan en cuenta el acervo comunitario son esenciales para garantizar la coherencia entre ambos sistemas jurídicos.

— **Diálogo con terceros países:** La UE debe promover el diálogo y la cooperación con los terceros países para explicar sus normas, sus políticas y sus objetivos en materia de aplicación extraterritorial del Derecho, y para buscar soluciones que sean mutuamente beneficiosas. El diálogo y la cooperación son esenciales para evitar malentendidos y tensiones y para construir una aplicación del «Efecto Bruselas» que sea aceptada y respetada por los terceros países. La creación de mecanismos de consulta y cooperación con terceros países en materia de aplicación extraterritorial del Derecho puede contribuir a la prevención de conflictos y a la búsqueda de soluciones consensuadas.

— **Evaluaciones de impacto en materia de Derecho internacional:** La UE, antes de adoptar nuevas normas con potencial alcance extraterritorial, debe realizar evaluaciones de impacto que tengan en cuenta las implicaciones de estas normas para el Derecho internacional y la soberanía de los Estados. Estas evaluaciones de impacto deben identificar los posibles conflictos con las normas y los principios del Derecho internacional y proponer medidas para mitigar o evitar estos conflictos. Las evaluaciones de impacto también deben considerar la compatibilidad de la norma con los compromisos internacionales asumidos por la UE y con la jurisprudencia del TJUE.

— **Coherencia interna del Derecho de la UE:** La UE debe fortalecer la coherencia interna de su propio Derecho, para evitar que la aplicación extraterritorial de sus normas genere conflictos o contradicciones con otros principios o normas del Derecho comunitario. La coherencia interna del Derecho de la UE es esencial para garantizar una aplicación uniforme, previsible y no discriminatoria del «Efecto Bruselas». La revisión periódica del acervo comunitario, para identificar y eliminar las posibles incoherencias o contradicciones entre las diferentes normas, puede contribuir a una mayor coherencia en la aplicación extraterritorial del Derecho de la UE.

— **Investigación y debate académico:** La promoción de la investigación y el debate académico sobre el «Efecto Bruselas» y su interacción con el Derecho internacional es esencial para profundizar en la comprensión del fenómeno, para identificar los desafíos y las oportunidades que plantea y para proponer soluciones que sean compatibles con el Derecho internacional. La investigación académica puede contribuir a la elaboración de un marco jurídico más claro y preciso para la aplicación extraterritorial del Derecho de la UE, así como a la creación de mecanismos de cooperación y armonización regulatoria con terceros países.

3.4.4 El «Efecto Bruselas» como instrumento de armonización regulatoria global.

La influencia normativa de la UE, manifestada en el «Efecto Bruselas», ha generado un debate sobre el papel de la Unión en la configuración del ordenamiento jurídico internacional. Algunos autores consideran que el «Efecto Bruselas» es un instrumento para la «europeización» del mundo, donde la UE impone sus normas y sus valores a nivel global, sin tener en cuenta la soberanía de los Estados ni la diversidad cultural y jurídica[89]. Otros autores, por el contrario, ven el «Efecto Bruselas» como una fuerza positiva para la armonización regulatoria global, donde la UE, a través de su poder normativo, puede contribuir a la creación de estándares y prácticas comunes a nivel internacional, en áreas como la protección de datos, el medio ambiente, la lucha contra el cambio climático o la defensa de la competencia.

El «Efecto Bruselas», sin embargo, no puede ni debe ser la única vía para la armonización regulatoria global. La cooperación internacional, el diálogo entre Estados, la participación en foros multilaterales y la negociación de acuerdos internacionales, con la participación activa de todos los actores relevantes, incluidos los países en desarrollo, son esenciales para la construcción de un orden internacional basado en reglas y en el respeto al Derecho internacional. La UE, para promover la armonización regulatoria global, debe actuar con transparencia, respeto a la diversidad y en colaboración con otros Estados y organizaciones internacionales.

---

89. *Vid.* Feás E., «La estrategia de política comercial de la UE y sus implicaciones para España,» en *ARI Real Instituto Elcano*, n° 79, 2021.

3.4.5 El «Efecto Bruselas» y la política comercial de la UE en un mundo globalizado.

El «Efecto Bruselas», al influir en la legislación y las prácticas de terceros países, tiene un impacto directo en el comercio internacional y en la política comercial de la UE. La aplicación extraterritorial del Derecho de la UE puede afectar a las exportaciones e importaciones de bienes y servicios, así como a las inversiones extranjeras directas, generando tanto oportunidades como desafíos para las empresas y los consumidores europeos.[90]

La UE, al diseñar e implementar su política comercial, debe tener en cuenta las implicaciones del «Efecto Bruselas» y buscar un equilibrio entre la defensa de sus intereses comerciales y la promoción de un sistema de comercio internacional abierto, justo y basado en reglas. La armonización regulatoria con terceros países, la cooperación y el diálogo con los Estados, y la participación activa en los foros multilaterales de comercio son esenciales para maximizar los beneficios del «Efecto Bruselas» y para mitigar sus potenciales efectos negativos en el comercio internacional.

3.4.6 Conclusiones: El «Efecto Bruselas», el Derecho internacional y la gobernanza global.

El «Efecto Bruselas», como fenómeno que refleja la influencia normativa de la UE en el mundo, debe ser analizado en el marco del Derecho internacional Público. La aplicación extraterritorial del Derecho de la UE debe respetar las normas y los principios del Derecho internacional, incluyendo los tratados internacionales, la costumbre internacional, el principio de soberanía de los Estados y el principio de no injerencia en asuntos internos.

El TJUE, a través de su jurisprudencia, ha abordado la compleja relación entre el Derecho de la UE y el Derecho internacional, buscando un equilibrio entre la primacía del Derecho comunitario y el respeto al ordenamiento jurídico internacional. La UE, para promover una aplicación del «Efecto Bruselas» que sea compatible con el Derecho internacional, debe fortalecer la cooperación con las organizaciones internacionales, el diálogo con los terceros países y la armonización regulatoria.

El «Efecto Bruselas», si bien puede ser una herramienta para la promoción de valores y estándares europeos a nivel global, también genera desafíos y tensiones para la soberanía de los Estados, el Derecho internacional y el futuro del sistema multilateral de comercio. La UE, para asegurar que el «Efecto Bruselas» contribuya a la construcción de un orden internacional más justo,

---

90. *Vid.* Dixon M, McCorquodale R., *Cases and Materials on International Law*, 6ª ed., Oxford University Press, Oxford, 2019.

sostenible y basado en reglas, debe actuar con responsabilidad y con un firme compromiso con el Derecho internacional.

4.
El «Efecto Bruselas» y las nuevas tecnologías.

4.1. EL «EFECTO BRUSELAS» EN LA ERA DIGITAL.

La era digital, marcada por la globalización de los flujos de información, el auge del comercio electrónico y el desarrollo acelerado de nuevas tecnologías, ha transformado profundamente el escenario en el que se manifiesta el «Efecto Bruselas»[91]. La digitalización, lejos de limitar la influencia normativa de la Unión Europea, ha ampliado su alcance, creando nuevas vías para la proyección extraterritorial del Derecho de la UE y generando al mismo tiempo desafíos sin precedentes para su aplicación.

El Derecho de la UE, en la era digital, debe ser capaz de regular situaciones que trascienden las fronteras físicas, teniendo en cuenta las particularidades del entorno digital y buscando un equilibrio entre la protección de los intereses de la Unión, el respeto a la soberanía digital de los Estados y la promoción de la innovación y la competencia en el mercado global.

4.1.1 La digitalización: Un catalizador para la expansión del «Efecto Bruselas».

La digitalización, al eliminar o al menos reducir significativamente las barreras físicas y temporales que tradicionalmente limitaban el flujo de información,

---

91. *Vid.* Bradford A., *The Brussels Effect: How the European Union Rules the World*, Oxford University Press, Oxford, 2020.

bienes y servicios, ha facilitado la proyección extraterritorial del Derecho de la UE. Las normas europeas, en la era digital, pueden afectar a personas, empresas e instituciones ubicadas en cualquier parte del mundo, siempre que exista una conexión suficiente entre la situación o conducta regulada y los intereses de la Unión o el mercado interior.

Esta conexión puede derivar, por ejemplo, del domicilio de los usuarios de un servicio digital, la ubicación de los servidores donde se almacenan los datos, la oferta de bienes o servicios digitales a ciudadanos de la UE, o el impacto de la actividad digital en el funcionamiento del mercado interior europeo.

La jurisprudencia del TJUE ha ido adaptándose a la realidad de la era digital, desarrollando criterios para determinar la aplicabilidad extraterritorial del Derecho de la UE en el contexto digital. El Tribunal ha reconocido que la mera accesibilidad de un sitio web o una plataforma digital desde el territorio de la UE no es suficiente para establecer la jurisdicción de la Unión. Sin embargo, ha considerado que la orientación de la actividad digital al mercado de la UE, a través de factores como el uso del idioma del Estado miembro, la mención de clientes o usuarios residentes en la UE o la oferta de bienes o servicios adaptados al mercado de la Unión, puede constituir una conexión suficiente para justificar la aplicación extraterritorial del Derecho de la UE[92].

El desarrollo de nuevas tecnologías, como la computación en la nube, el *big data*, la inteligencia artificial y el internet de las cosas, ha amplificado aún más el alcance del «Efecto Bruselas». Estas tecnologías, por su propia naturaleza transfronteriza y descentralizada, dificultan la aplicación de las normas territoriales tradicionales y exigen nuevos enfoques para la regulación y la gobernanza en el ámbito digital.

La UE, para garantizar la eficacia de su normativa en la era digital y proteger los intereses de sus ciudadanos y empresas, ha tenido que adaptar sus normas y sus mecanismos de aplicación para tener en cuenta las características específicas del entorno digital y los desafíos que plantea para la soberanía de los Estados y el Derecho internacional.

4.1.2 El Reglamento General de Protección de Datos: Paradigma del «Efecto Bruselas» en la era digital.

El Reglamento General de Protección de Datos (RGPD) es el ejemplo paradigmático del «Efecto Bruselas» en el ámbito digital. El RGPD, que entró en vigor en 2018, establece un marco jurídico integral para la protección de datos personales en la UE, basado en principios como la minimización de datos, la

---

92. *Vid.* Svantesson D., «European Union Claims of Jurisdiction over the Internet - an Analysis of Three Recent Key Developments,»en *J Intellect Prop Inf Technol E-Commerce Law*, vol. 9, no. 2, 2018, pp. 113-125.

limitación de la finalidad, la exactitud, la integridad, la confidencialidad y la responsabilidad proactiva en el tratamiento de datos[93].

La característica más relevante del RGPD, desde la perspectiva del «Efecto Bruselas», es su alcance extraterritorial explícito. El RGPD se aplica a cualquier empresa u organización, independientemente de su ubicación geográfica, que trate datos personales de residentes en la UE, ya sea para ofrecerles bienes o servicios o para monitorizar su comportamiento.

Esta extraterritorialidad, que ha sido fundamental para la expansión del modelo europeo de protección de datos a nivel global, ha generado un profundo impacto en las prácticas empresariales y en la legislación de terceros países, incluso en aquellos que no tienen una relación jurídica directa con la UE[94].

La aplicación extraterritorial del RGPD ha obligado a empresas de todo el mundo a adaptar sus políticas y sus procedimientos de tratamiento de datos a los estándares europeos. Las empresas que no cumplen con el RGPD se enfrentan a multas significativas, lo que ha incentivado su adaptación a la normativa europea, incluso en aquellos casos en los que no están legalmente obligadas a hacerlo.

El RGPD se ha convertido en un estándar global de facto en materia de protección de datos, y su influencia se extiende más allá del ámbito estrictamente jurídico, influyendo en las prácticas empresariales, las políticas públicas y las expectativas de los consumidores en relación con la privacidad y la protección de datos.

4.1.3 El Reglamento europeo de Inteligencia Artificial: Hacia una regulación global de la inteligencia artificial.

La inteligencia artificial (IA), con su creciente impacto en todos los ámbitos de la vida, desde la economía y la salud hasta la educación y la seguridad, plantea nuevos retos para la regulación y la gobernanza a nivel global. La UE, consciente de las oportunidades y los riesgos que presenta la IA, ha impulsado la adopción del Reglamento Europeo de IA, que busca establecer un marco jurídico para el desarrollo y la utilización de la IA en la UE, garantizando la seguridad, la transparencia, la ética y el respeto a los Derechos fundamentales.

---

93. Reglamento (UE) 2016/679 del Parlamento Europeo y del Consejo de 27 de abril de 2016 relativo a la protección de las personas físicas en lo que respecta al tratamiento de datos personales y a la libre circulación de estos datos y por el que se deroga la Directiva 95/46/CE (Reglamento general de protección de datos). Diario Oficial de la Unión Europea. 2016 mayo 4; L119:1-88.

94. *Vid.* Gascón Marcén A., «The Extraterritorial Application of European Union Data Protection Law,» en *Spanish Yearbook of International Law*, vol. 23, 2019, pp. 413-425; y Gascón Marcén, A., «El Reglamento General de Protección de Datos como modelo de las recientes propuestas de legislación digital europea», *Cuadernos de Derecho Transnacional*, Vol. 13 (2), 2021, pp. 209-232, disponible en: https://e-revistas.uc3m.es/index.php/CDT/article/view/6256/5033.

El Reglamento Europeo de IA se espera que tenga un impacto extraterritorial significativo, debido al «Efecto Bruselas». Las empresas que desarrollan o utilizan IA, para acceder al mercado europeo y evitar los costes de cumplimiento asociados a la aplicación de diferentes normativas, tenderán a aplicar los estándares europeos a nivel global, lo que extenderá la influencia del Reglamento Europeo de IA más allá del territorio de la UE[95].

La regulación de la IA es un ámbito donde la cooperación internacional es esencial. La naturaleza transfronteriza de la IA y la necesidad de evitar la fragmentación del mercado exigen un enfoque global para la regulación, que garantice la interoperabilidad de los sistemas de IA y la protección de los Derechos fundamentales en todo el mundo. La UE, a través de su liderazgo en la regulación de la IA, puede contribuir a la creación de estándares globales en este ámbito y a la promoción de una gobernanza de la IA que sea ética, responsable y beneficiosa para la humanidad.

4.1.4 Teletrabajo transfronterizo: Desafíos para la protección de datos y el Derecho laboral.

El teletrabajo transfronterizo, que se ha expandido rápidamente en la era digital, impulsado por la globalización, el avance de las tecnologías de la información, la comunicación y la pandemia de COVID-19, plantea importantes desafíos para la aplicación extraterritorial del Derecho de la UE, principalmente en el ámbito de la protección de datos y el Derecho laboral.

Los trabajadores que residen en un país y trabajan remotamente para una empresa ubicada en otro país, se enfrentan a una compleja situación jurídica, ya que pueden estar sujetos a las legislaciones de ambos países, esto puede generar altos niveles de incertidumbre y dificultar la protección de los derechos de aquellos ciudadanos que se encuentran desempeñándose como teletrabajadores, y a su vez, disminuir el crecimiento del teletrabajo como una opción viable a nivel profesional.

El RGPD, con su alcance extraterritorial, se aplica a las empresas que emplean teletrabajadores transfronterizos, si estos trabajadores tratan datos personales de ciudadanos de la UE. Esto implica que las empresas deben garantizar que el tratamiento de datos en el contexto del teletrabajo transfronterizo cumpla con los requisitos del RGPD, incluyendo los principios de licitud, lealtad y transparencia, la limitación de la finalidad, la minimización de datos, la exactitud, la integridad, la confidencialidad, la limitación del plazo de conservación, la responsabilidad proactiva y el respeto a los derechos de los interesados[96].

---

95. *Vid.* Papakostantinou V., De Hert P., «Post GDPR EU Laws and Their GDPR Mimesis. DGA, DSA, DMA and the EU Regulation of AI,» en *Eur. Law Blog*, 2021.

96. Grupo de Trabajo del Artículo 29. *Directrices sobre el alcance territorial del RGPD*. 2018.

La aplicación del RGPD al teletrabajo transfronterizo plantea desafíos específicos, como la necesidad de garantizar la seguridad de los datos que se transfieren a través de las fronteras, la gestión de los riesgos de ciberseguridad, la formación de los teletrabajadores en materia de protección de datos y la coordinación con las autoridades de protección de datos de los diferentes países involucrados.

Además del RGPD, otras normas de la UE, como la Directiva sobre el tiempo de trabajo o la Directiva sobre el desplazamiento de trabajadores, pueden ser aplicables al teletrabajo transfronterizo, lo que exige un análisis de la legislación aplicable en cada caso y una coordinación entre los diferentes ordenamientos jurídicos para evitar conflictos y garantizar la protección de los derechos de los trabajadores.

4.1.5 Externalización de servicios y el cumplimiento extraterritorial del Derecho de la Unión Europea.

La externalización de servicios a terceros países, que es una práctica cada vez más extendida en la economía globalizada, plantea retos similares al teletrabajo transfronterizo en relación con la aplicación extraterritorial del Derecho de la UE. Las empresas que contratan a proveedores de servicios ubicados fuera de la UE deben asegurarse de que estos proveedores cumplen con la normativa europea aplicable, especialmente en materia de protección de datos, Derecho laboral y responsabilidad social corporativa.

El RGPD, con su alcance extraterritorial, se aplica a los proveedores de servicios ubicados fuera de la UE que tratan datos personales de ciudadanos de la Unión en el marco de un contrato de servicios con una empresa europea. Las empresas que externalizan servicios a terceros países deben incluir en sus contratos con los proveedores cláusulas que garanticen el cumplimiento del RGPD y deben implementar mecanismos de control y supervisión para verificar que el proveedor cumple con sus obligaciones en materia de protección de datos.

Además del RGPD, otras normas de la UE, como la Directiva sobre responsabilidad social corporativa, pueden ser aplicables a la externalización de servicios a terceros países. Esta Directiva, que establece obligaciones de debida diligencia en materia de Derechos humanos, medio ambiente y lucha contra la corrupción, busca promover prácticas empresariales más responsables y sostenibles en las cadenas de suministro globales.

4.1.6 Soberanía digital: El reto de la regulación en un mundo interconectado.

La creciente influencia de la normativa de la UE en la era digital, a través del «Efecto Bruselas», ha generado un intenso debate sobre la soberanía digital de los Estados. La soberanía digital, que se refiere al derecho de los Estados a regular el ciberespacio dentro de su territorio y a proteger sus infraestructuras digitales, sus datos y la privacidad de sus ciudadanos, puede verse afectada por la aplicación extraterritorial del Derecho de la UE, especialmente en el ámbito de la protección de datos y la regulación de las plataformas digitales.

Algunos países, preocupados por la influencia de la UE en la gobernanza de Internet, han adoptado políticas y medidas para fortalecer su soberanía digital, como leyes de localización de datos que obligan a las empresas a almacenar los datos de sus ciudadanos dentro del territorio nacional, o la creación de infraestructuras digitales propias para reducir la dependencia de las grandes empresas tecnológicas extranjeras.

Estas políticas, aunque justificadas por la necesidad de proteger la privacidad de los datos y la seguridad nacional, pueden generar tensiones con los principios del Derecho de la UE, como la libre circulación de datos, y pueden dificultar el funcionamiento del mercado único digital. El TJUE, en su jurisprudencia, ha tenido que abordar estos conflictos entre la soberanía digital de los Estados y la aplicación extraterritorial del Derecho de la UE, buscando un equilibrio entre la protección de los derechos de los ciudadanos y el respeto a la autonomía regulatoria de los Estados.

En el caso *Schrems II* (2020), el TJUE invalidó el acuerdo «Privacy Shield» entre la UE y los Estados Unidos, al considerar que no garantizaba un nivel de protección de datos equiparable al existente en la UE. Esta sentencia, que ha tenido un gran impacto en las transferencias internacionales de datos, ilustra las tensiones entre el «Efecto Bruselas» y la soberanía digital de los Estados y la creciente importancia que el TJUE otorga a la protección de los Derechos fundamentales de los ciudadanos europeos en el entorno digital.

4.1.7 Innovación y competencia en el mercado digital global.

El «Efecto Bruselas», en la era digital, al influir en la legislación y las prácticas de terceros países, puede tener un impacto significativo en la innovación y la competencia en el sector tecnológico. La aplicación extraterritorial del Derecho de la UE, si bien puede contribuir a la armonización regulatoria y a la protección de los derechos de los consumidores, también puede generar barreras a la entrada para las empresas y dificultar la innovación.

Las empresas, para cumplir con las exigencias de la normativa europea, como el RGPD o la DMA, pueden tener que realizar importantes inversiones en tecnología, adaptación de procesos y formación del personal, lo que puede afectar a su competitividad, especialmente a las pymes y *startups* que tienen menos recursos que las grandes empresas.

La UE, para evitar que el «Efecto Bruselas» genere desventajas competitivas para las empresas europeas o extracomunitarias, debe buscar un equilibrio entre la regulación y la promoción de la innovación. La armonización regulatoria a nivel internacional, la cooperación con terceros países y la creación de un entorno jurídico previsible y estable son esenciales para fomentar la innovación en la era digital y para garantizar un mercado global competitivo.

4.1.8 Consideraciones finales en relación al «Efecto Bruselas» en la era digital: Desafíos y oportunidades.

La era digital ha transformado el escenario en el que se manifiesta el «Efecto Bruselas», ampliando su alcance territorial, generando nuevos desafíos para la aplicación extraterritorial del Derecho de la UE y planteando interrogantes sobre la soberanía digital de los Estados, la protección de los Derechos fundamentales en línea y la gobernanza global de Internet. El Derecho de la UE, en la era digital, debe ser capaz de regular situaciones que trascienden las fronteras físicas, teniendo en cuenta las particularidades del entorno digital y protegiendo los derechos de los ciudadanos.

El «Efecto Bruselas», en el ámbito digital, se manifiesta con especial intensidad en áreas como la protección de datos, la regulación de las plataformas digitales, el teletrabajo transfronterizo y la externalización de servicios. El RGPD, con su alcance extraterritorial, se ha convertido en un referente a nivel global en materia de protección de datos, y la DMA y el Reglamento Europeo de IA, aunque todavía en desarrollo, se espera que tengan un impacto global.

La soberanía digital de los Estados, la innovación y la competencia en el mercado digital global son aspectos fundamentales que deben ser considerados en el análisis del «Efecto Bruselas» en la era digital. La UE, para promover una gobernanza global de Internet que sea justa, equitativa y sostenible, debe buscar un equilibrio entre la defensa de sus intereses, el respeto al Derecho internacional y la cooperación con terceros países.

El «Efecto Bruselas», en la era digital, presenta tanto oportunidades como desafíos para la UE, y su éxito dependerá de la capacidad de la Unión para adaptarse a las nuevas realidades del entorno digital, para cooperar con otros actores internacionales y para promover un modelo de gobernanza de Internet que sea respetuoso con el Derecho internacional, la soberanía de los Estados y los Derechos fundamentales de los ciudadanos.

A modo de síntesis, la siguiente tabla resume las principales características del «Efecto Bruselas» en la era digital, destacando los ámbitos del Derecho donde su impacto es más notorio, así como los desafíos y oportunidades que presenta:

Tabla 5. El «Efecto Bruselas» en la era digital: Características, desafíos y oportunidades

Característica	Descripción	Ámbitos del Derecho	Desafíos	Oportunidades
Alcance ampliado	La digitalización ha eliminado barreras físicas, extendiendo el alcance del Derecho de la UE a actores y actividades fuera de su territorio, siempre que exista una conexión suficiente con la UE.	Todos	Tensiones con la soberanía digital de terceros países; dificultades para la supervisión y el control del cumplimiento.	Armonización regulatoria global; promoción de valores y estándares europeos; creación de un mercado digital global más integrado.
Velocidad y dinamismo	La rápida evolución tecnológica exige una mayor adaptabilidad y agilidad en la normativa y su aplicación, planteando el reto de mantener la normativa actualizada y relevante.	Todos	Brecha regulatoria; riesgo de obsolescencia de las normas.	Mayor flexibilidad y capacidad de adaptación a los cambios tecnológicos.
Asimetría de poder	Las grandes empresas tecnológicas, muchas con sede fuera de la UE, tienen un poder significativo en el mercado digital, lo que puede dificultar la aplicación efectiva del Derecho de la UE y generar desequilibrios en las relaciones de poder.	Competencia, protección de datos	Dificultad para regular a las grandes empresas tecnológicas; riesgo de captura regulatoria.	Mayor influencia en las prácticas empresariales a nivel global.
Protección de datos	El RGPD se ha convertido en un estándar global de facto, influyendo en la legislación y las prácticas de protección de datos en todo el mundo. La aplicación extraterritorial del RGPD plantea desafíos para las empresas y las autoridades de protección de datos, pero también oportunidades para la cooperación.	Protección de datos	Costes de cumplimiento; dificultades para las transferencias internacionales de datos.	Mayor protección de los datos personales a nivel global; promoción de la confianza en el entorno digital.

Regulación de plataformas digitales	La DMA busca regular el comportamiento de las grandes plataformas digitales que operan en el mercado interior de la UE, con el objetivo de garantizar la competencia y la innovación. Se espera que la DMA tenga un impacto global debido al «Efecto Bruselas».	Competencia	Tensiones con la soberanía digital de terceros países; dificultades para la aplicación de la normativa.	Mayor competencia e innovación en el mercado digital; protección de los usuarios de las plataformas.

Fuente: Elaboración propia.

4.2. EL «EFECTO BRUSELAS» Y LA INTELIGENCIA ARTIFICIAL.

La Inteligencia Artificial (IA), con su creciente impacto en la economía, la sociedad y la vida cotidiana, se ha convertido en un ámbito de crucial importancia para la regulación a nivel global[97]. La Unión Europea, consciente de las oportunidades y los riesgos que presenta la IA, ha impulsado la adopción de un marco regulatorio que busca garantizar un desarrollo y una utilización de la IA que sean éticos, seguros, transparentes y respetuosos con los Derechos fundamentales[98].

Este marco regulatorio, plasmado en la propuesta de Reglamento Europeo de IA, es un ejemplo del liderazgo de la UE en la regulación de las nuevas tecnologías y del potencial del «Efecto Bruselas» para influir en la normativa y las prácticas a nivel internacional. El análisis del Reglamento Europeo de IA y sus posibles implicaciones extraterritoriales es esencial para comprender el impacto del «Efecto Bruselas» en la regulación de la IA, los desafíos que plantea para la soberanía de los Estados y el futuro de la gobernanza global de la tecnología.

4.2.1 El Reglamento europeo de Inteligencia Artificial: Objetivos, alcance e implicaciones.

El Reglamento Europeo de IA, propuesto por la Comisión Europea en abril de 2021, tiene como objetivo principal establecer un marco jurídico armonizado para la IA en la UE, basado en un enfoque de riesgo. El Reglamento clasifica los sistemas de IA en diferentes categorías de riesgo, desde el riesgo

---

97. *Vid.* Renda A., *Artificial Intelligence: Ethics, Governance and Policy Challenges*, Report of a CEPS Task Force, Centre for European Policy Studies, Brussels, 2019.
98. *Vid.* Gutiérrez García E., *Inteligencia artificial y Derechos fundamentales. Hacia una convivencia en la era digital*, Editorial Colex, A Coruña, 2024.

mínimo hasta el riesgo inaceptable, y establece requisitos específicos que los sistemas de IA deben cumplir para cada categoría. Estos requisitos abarcan desde obligaciones de transparencia y trazabilidad hasta la supervisión humana, la evaluación de la conformidad y la implementación de medidas de seguridad.

El Reglamento Europeo de IA, a diferencia de otras normativas en materia de nuevas tecnologías, adopta un enfoque horizontal, aplicándose a una amplia gama de sectores y actividades que utilizan IA. El Reglamento es aplicado tanto a los proveedores de sistemas de IA como a los usuarios de sistemas de IA y también a los importadores de sistemas de IA. Adicionalmente, y esto es crucial desde la perspectiva del «Efecto Bruselas», el Reglamento también tiene un alcance extraterritorial, aplicándose a los proveedores y usuarios de sistemas de IA ubicados fuera de la UE, cuando el sistema de IA se utiliza dentro de la Unión, así como sus resultados.

Esta aplicación extraterritorial del Reglamento, que ha generado un intenso debate sobre los límites de la jurisdicción de la UE y la soberanía de los Estados terceros, busca garantizar que los sistemas de IA utilizados en la UE cumplan con los estándares europeos, independientemente de dónde se hayan desarrollado o de la ubicación del proveedor o del usuario. Esta extraterritorialidad, que es una clara manifestación del «Efecto Bruselas», tiene el potencial de influir en la regulación de la IA a nivel global, impulsando la adopción de estándares europeos en otros países y regiones.

4.2.2 El «Efecto Bruselas» y la armonización regulatoria de la Inteligencia Artificial.

El Reglamento europeo de IA, al establecer estándares y requisitos para el desarrollo y el uso de la IA, tiene el potencial de influir en la normativa y las prácticas de terceros países, impulsando la armonización regulatoria global de la IA[99]. Las empresas que desarrollan o utilizan IA, para acceder al mercado europeo, evitan los costes de cumplimiento asociados a la aplicación de diferentes normativas para mantener una ventaja competitiva en el mercado global. Estas empresas tenderán a unificar sus productos y servicios y a aplicar los estándares europeos a nivel global, lo que expandirá la influencia del Reglamento Europeo de IA más allá del territorio de la UE.

Esta armonización global de la regulación de la IA, impulsada por el «Efecto Bruselas», plantea importantes desafíos para la soberanía de los Estados y para el Derecho internacional. Los países que no han participado en la elaboración de la normativa europea pueden considerar que la UE está imponiendo sus normas a nivel global, lo que puede generar tensiones y conflictos en las relaciones internacionales. La UE, para promover una regulación global de la IA que sea legítima y eficaz, debe fomentar la cooperación internacional, el

---

99. *Vid.* Kaczorowska A., *The Extraterritorial Effect of EU Law*, Hart Publishing, Oxford, 2013.

diálogo con los terceros países y la participación de todos los actores relevantes, incluyendo los países en desarrollo, en la elaboración de estándares globales para la IA.

4.2.3 La cooperación internacional en la regulación de la Inteligencia Artificial: Un imperativo en la era digital.

La regulación de la IA, dada la naturaleza transfronteriza de la tecnología y su rápido avance, exige un enfoque global que garantice la interoperabilidad de los sistemas de IA, la protección de los Derechos fundamentales y la prevención de los riesgos asociados a la IA. La cooperación internacional es esencial para el desarrollo de estándares globales, la creación de mecanismos de certificación y la promoción de una gobernanza de la IA que sea ética, responsable y en beneficio de la humanidad.

La UE, a través de su liderazgo en la regulación de la IA, puede contribuir a la creación de un marco jurídico internacional para la IA y a la promoción de una gobernanza global de la tecnología. La UE debe fortalecer su cooperación con las organizaciones internacionales, como la ONU, la OCDE y el Consejo de Europa, para promover la armonización regulatoria a nivel global y evitar conflictos entre el Derecho de la UE y el Derecho internacional[100].

La UE también debe fomentar el diálogo y la cooperación con terceros países, especialmente con aquellos que tienen un papel relevante en el desarrollo y la utilización de la IA, como Estados Unidos y China.

4.2.4 El «Efecto Bruselas» y la soberanía de los estados en el ámbito de la IA.

La aplicación extraterritorial del Reglamento Europeo de IA, que es una de las manifestaciones más visibles del «Efecto Bruselas» en la era digital, ha generado un intenso debate sobre la soberanía de los Estados y la capacidad de la UE para imponer sus normas a nivel global. Algunos autores, desde una perspectiva crítica, han argumentado que el «Efecto Bruselas», en el contexto de la IA, puede ser considerado como una forma de «imperialismo regulatorio», donde la UE impone sus normas y sus valores a terceros países sin su consentimiento y sin respetar su derecho a regular sus propios sistemas jurídicos y económicos[101].

---

100. *Vid.* Snyder F., *The External Relations of the European Union: Law, Policy, and the Pursuit of Legitimacy*, Oxford University Press, Oxford, 2003.

101. *Vid.* Reich N., «The Extraterritorial Application of European Union Law: A Case Study of the EU Merger Control Regulation,» en *Common Market Law Review*, vol. 49, no. 3, 2012, pp. 805-37.

Otros autores, por el contrario, defienden el «Efecto Bruselas» como una herramienta para promover valores y estándares europeos a nivel global, como la protección de los Derechos fundamentales, la privacidad, la no discriminación y la rendición de cuentas en el uso de la IA. Estos autores consideran que la influencia normativa de la UE, a través del «Efecto Bruselas», puede contribuir a la mejora de las prácticas y los estándares de IA en todo el mundo y a la construcción de una gobernanza global de la IA que sea más ética, responsable y en beneficio de la humanidad.

El debate sobre la soberanía de los Estados en el contexto de la IA es complejo y no admite respuestas simples. Por un lado, los Estados tienen el derecho legítimo a regular la IA dentro de su territorio y a proteger los intereses de sus ciudadanos, incluyendo su privacidad, su seguridad y su bienestar. Por otro lado, la naturaleza transfronteriza de la IA, la globalización de los flujos de datos y la necesidad de una regulación global para evitar la fragmentación del mercado y promover la innovación exigen un enfoque que vaya más allá de las fronteras nacionales.

La UE, al impulsar la aplicación extraterritorial del Reglamento Europeo de IA, debe buscar un equilibrio entre la defensa de sus intereses y el respeto a la soberanía de los Estados terceros, fomentando la cooperación internacional, el diálogo y la búsqueda de soluciones consensuadas. La imposición unilateral de las normas de la UE, sin el consentimiento y la cooperación de los terceros países, puede generar un rechazo al «Efecto Bruselas» y dificultar la construcción de un marco jurídico global para la IA.

4.2.5 La regulación de la Inteligencia Artificial y el futuro de la innovación.

La regulación de la IA, si bien es necesaria para mitigar los riesgos y promover un uso responsable de la tecnología, también puede afectar a la innovación en este ámbito. Las empresas, para cumplir con las exigencias de la normativa, pueden tener que realizar inversiones significativas, lo que puede desincentivar la inversión en I+D y perjudicar a las pymes y startups que tienen menos recursos que las grandes empresas.

La UE, para promover la innovación en el ámbito de la IA, debe buscar un equilibrio entre la regulación y la creación de un entorno favorable para la innovación, que consista en la armonización regulatoria a nivel internacional, la cooperación con terceros países, la simplificación de los trámites administrativos y la creación de incentivos para la investigación y el desarrollo en IA. Estas son medidas que pueden contribuir a fomentar la innovación y a evitar que el «Efecto Bruselas» genere barreras de entrada para las empresas de países terceros o desventajas competitivas para las empresas europeas.

4.2.6 El «Efecto Bruselas» y la gobernanza global de la Inteligencia Artificial: Desafíos y oportunidades.

El «Efecto Bruselas», en el contexto de la IA, plantea importantes desafíos y oportunidades para la gobernanza global de la tecnología. La influencia de la UE en la regulación de la IA a nivel global puede contribuir a la creación de estándares comunes, promover prácticas éticas y responsables y prevenir riesgos asociados a la IA. No obstante, el «Efecto Bruselas» también puede generar tensiones con otros países o bloques que tienen diferentes visiones sobre la regulación de la IA, lo que puede dificultar la cooperación internacional y la construcción de un marco jurídico global común para afrontar los desafíos de la IA.

Las acciones de la UE, en este sentido han de orientarse a la promoción de una gobernanza global de la IA que sea legítima y eficaz, donde se actúe de forma con transparente, en un marco de respeto a la diversidad y en colaboración con otros Estados y organizaciones internacionales. La armonización regulatoria a nivel internacional, el diálogo con terceros países y la participación de todos los actores relevantes, incluyendo los países en desarrollo y la sociedad civil, son cruciales para la construcción de un orden internacional basado en reglas y en el respeto al Derecho internacional.

La UE, a través de su liderazgo en la regulación de la IA, tiene la oportunidad de contribuir a la creación de un entorno jurídico global que fomente la innovación, la competencia y la protección de los Derechos fundamentales en la era de la inteligencia artificial. El éxito del «Efecto Bruselas» en el ámbito de la IA dependerá de la capacidad de la UE para cooperar con otros actores internacionales, para construir consensos y para promover un modelo de gobernanza global de la IA que sea justo, equitativo y sostenible.

La cooperación internacional es esencial para abordar los desafíos que plantea la regulación de la IA a nivel global. La siguiente tabla presenta los principales mecanismos de cooperación internacional en este ámbito, incluyendo sus objetivos y actividades:

Tabla 6. Mecanismos de cooperación internacional para la regulación de la IA

Mecanismo	Objetivos	Actividades principales
Organizaciones internacionales		
OCDE (Organización para la Cooperación y el Desarrollo Económicos)	Promover políticas que fomenten la innovación en IA, al tiempo que se aborden las implicaciones éticas, sociales y económicas.	Desarrollo de principios y recomendaciones sobre la IA; investigación y análisis sobre el impacto de la IA; fomento del diálogo y la cooperación entre países.

Consejo de Europa	Proteger los derechos humanos y el Estado de Derecho en el contexto de la IA.	Elaboración de instrumentos jurídicos sobre la IA y los derechos humanos; promoción de la ética y la transparencia en la IA; fomento de la cooperación judicial.
UNESCO (Organización de las Naciones Unidas para la Educación, la Ciencia y la Cultura)	Promover la cooperación internacional en materia de ética de la IA.	Elaboración de recomendaciones sobre la ética de la IA; promoción de la educación y la formación en IA; fomento del diálogo intercultural sobre la IA.
Iniciativas multilaterales		
Global Partnership on AI	Reunir a expertos de la industria, el gobierno, la sociedad civil y la academia para promover el desarrollo y el uso responsables de la IA.	Investigación y desarrollo de herramientas y prácticas para la IA responsable; fomento del intercambio de conocimientos y mejores prácticas; promoción de la cooperación internacional.
Acuerdos bilaterales UE - terceros países		
Acuerdos comerciales y de cooperación	Inclusión de cláusulas sobre cooperación en materia de IA y promoción de estándares comunes.	Intercambio de información y mejores prácticas; cooperación en materia de investigación y desarrollo; promoción de la inversión en IA.

Fuente: Elaboración propia.

4.3. EL «EFECTO BRUSELAS» Y EL TELETRABAJO TRANSFRONTERIZO.

El teletrabajo transfronterizo, que consiste en la prestación de servicios laborales a distancia desde un país diferente al de la ubicación del empleador, ha experimentado un crecimiento exponencial en los últimos años, impulsado por la globalización, los avances tecnológicos y, más recientemente, por la pandemia de COVID-19[102].

Esta nueva forma de trabajo, aunque ofrece flexibilidad y oportunidades tanto para trabajadores como para empresas, también plantea importantes desafíos para la aplicación extraterritorial del Derecho de la UE, especialmente en lo que respecta a la protección de datos, el Derecho laboral y la seguridad social[103].

El «Efecto Bruselas», en el contexto del teletrabajo transfronterizo, se manifiesta en la creciente influencia de la normativa europea en la regulación de estas relaciones laborales a distancia que involucran a ciudadanos o empresas

---

102. *Vid.* Crawford J.O., Maccalman L., Jackson C.A., «The Health and Well-Being of Remote and Mobile Workers,» en *Occup Med (Lond)*, vol. 61, no. 6, 2011, pp. 385-94.

103. *Vid.* Ortega Giménez A., Álvarez Rodríguez A., Cremades García P., Reche Tello N., Heredia Sánchez L.S., «Algunos problemas jurídicos actuales sobre el teletrabajo transfronterizo,» en *Diario LA LEY*, 12 de enero de 2023, no. 10206, pp. 1-18.

de la UE, independientemente de su ubicación geográfica. Comprender las implicaciones del «Efecto Bruselas» en este nuevo paradigma laboral es crucial para garantizar la protección de los derechos de los trabajadores, la seguridad jurídica para las empresas y la coherencia del ordenamiento jurídico internacional.

4.3.1 El teletrabajo transfronterizo: Un nuevo paradigma laboral y sus desafíos jurídicos.

El teletrabajo transfronterizo ha creado un nuevo escenario para el Derecho de la UE, difuminando las fronteras físicas del lugar de trabajo y planteando interrogantes sobre la legislación aplicable, la jurisdicción de los tribunales y la protección de los derechos de los trabajadores. Las normas europeas, tradicionalmente concebidas para regular las relaciones laborales dentro del territorio de la UE, se aplican ahora a situaciones en las que el trabajador reside en un país y el empleador se encuentra en otro, lo que exige un análisis cuidadoso de las implicaciones del «Efecto Bruselas» en este nuevo contexto.

Uno de los principales desafíos jurídicos que plantea el teletrabajo transfronterizo es la determinación de la legislación aplicable al contrato de trabajo. El Reglamento Roma I, que regula la ley aplicable a las obligaciones contractuales, establece que, en ausencia de una elección expresa por las partes, el contrato se regirá por la ley del país en el que el trabajador realice habitualmente su trabajo[104].

Sin embargo, en el caso del teletrabajo transfronterizo, determinar el lugar de trabajo habitual puede ser complejo, ya que el trabajador puede desempeñar sus funciones desde diferentes ubicaciones, tener un lugar de trabajo móvil o incluso no tener un lugar de trabajo fijo.

En estas situaciones, el Reglamento «Roma I» prevé una serie de criterios secundarios para determinar la ley aplicable, como el lugar donde se encuentra el establecimiento que contrató al trabajador o el centro de las actividades principales del trabajador.

No obstante, estos criterios no siempre ofrecen una solución clara y definitiva, y la jurisprudencia del TJUE ha tenido que intervenir para interpretar y aplicar estas normas en casos concretos de teletrabajo transfronterizo, buscando un equilibrio entre la flexibilidad que requiere esta nueva forma de trabajo y la seguridad jurídica para las empresas y los trabajadores.

---

104. *Vid.* Reglamento (CE) n.º 593/2008 del Parlamento Europeo y del Consejo, de 17 de junio de 2008, sobre la ley aplicable a las obligaciones contractuales (Roma I). Diario Oficial de la Unión Europea. 2008 junio 17; L 177/6.

4.3.2 El Reglamento General de Protección de Datos y la protección de datos en el ámbito del teletrabajo transfronterizo.

El Reglamento General de Protección de Datos (RGPD), con su alcance extraterritorial explícito, es un elemento central en la regulación del teletrabajo transfronterizo. El RGPD, como ya se ha analizado en secciones anteriores, se aplica a cualquier empresa u organización, independientemente de su ubicación geográfica, que trate datos personales de residentes en la UE[105]. En el contexto del teletrabajo transfronterizo, esto significa que las empresas que emplean a teletrabajadores residentes fuera de la UE deben cumplir con el RGPD, si estos trabajadores tratan con datos personales de ciudadanos europeos.

La aplicación del RGPD al teletrabajo transfronterizo, plantea desafíos específicos que exigen un análisis cuidadoso y la adopción de medidas adecuadas. Los teletrabajadores, al laborar distancia, suelen acceder a los sistemas y bases de datos de la empresa a través de Internet, lo que aumenta el riesgo de brechas de seguridad, ciberataques y la exposición de los datos a accesos no autorizados. Además, la utilización de dispositivos personales para el trabajo, que es una práctica común en el teletrabajo, puede complicar la aplicación de las medidas de seguridad y aumentar el riesgo de pérdida o robo de datos.

Las empresas que emplean a teletrabajadores transfronterizos deben implementar medidas técnicas y organizativas para garantizar la seguridad de los datos personales, como el uso de conexiones VPN, la autenticación de dos factores, el cifrado de datos y la adopción de políticas de seguridad claras y concretas.

También es esencial formar a los teletrabajadores en materia de protección de datos, concienciarles sobre la importancia de cumplir con el RGPD y proporcionarles las herramientas y los recursos necesarios para que puedan cumplir con sus obligaciones en materia de protección de datos.

4.3.3 Transferencias internacionales de datos y el teletrabajo transfronterizo.

El teletrabajo transfronterizo, al implicar frecuentemente la transferencia de datos personales a través de las fronteras, plantea la necesidad de articular el «Efecto Bruselas» con las normas del Derecho internacional en materia de protección de datos. El RGPD, como ya se ha analizado, establece que los datos

---

105. Reglamento (UE) 2016/679 del Parlamento Europeo y del Consejo de 27 de abril de 2016 relativo a la protección de las personas físicas en lo que respecta al tratamiento de datos personales y a la libre circulación de estos datos y por el que se deroga la Directiva 95/46/CE (Reglamento general de protección de datos). Diario Oficial de la Unión Europea. 2016 mayo 4; L119:1-88.

personales solo pueden transferirse a países fuera de la UE que ofrezcan un nivel adecuado de protección.

Si el país de residencia del teletrabajador no cumple con este requisito, la empresa debe implementar garantías adecuadas, como las Cláusulas Contractuales Tipo (SCCs) o las Normas Corporativas Vinculantes (BCRs), para legitimar la transferencia de datos[5].

Las SCCs, como se ha explicado en secciones anteriores, son cláusulas contractuales estándar aprobadas por la Comisión Europea, se incorporan en los contratos entre el exportador y el importador de datos para garantizar que el tratamiento de los datos personales en el país de destino cumpla con las exigencias del RGPD. Las BCRs, por su parte, son políticas internas de protección de datos, adoptadas por grupos empresariales multinacionales, que garantizan un nivel uniforme de protección de datos en todas sus filiales, incluyendo aquellas ubicadas fuera de la UE.

La decisión de implementar SCCs o BCRs depende de las circunstancias específicas de cada caso y de la estructura y las operaciones del grupo empresarial. Las SCCs son una solución más flexible y adaptable a diferentes situaciones, mientras que las BCRs ofrecen un marco de cumplimiento más integral y coherente para las empresas multinacionales. Sin embargo, la implementación de las BCRs puede ser un proceso más complejo y costoso que la implementación de las SCCs[106].

4.3.4 Coordinación de los sistemas de seguridad social y el teletrabajo transfronterizo.

La coordinación de los sistemas de seguridad social es otro desafío clave que plantea el teletrabajo transfronterizo. Los trabajadores que residen en un país y trabajan para un empleador ubicado en otro pueden estar sujetos a diferentes legislaciones en materia de seguridad social, lo que puede generar incertidumbre sobre sus derechos y obligaciones y dificultar el acceso a las prestaciones de seguridad social.

Los reglamentos de la UE en materia de seguridad social, como el Reglamento (CE) n.° 883/2004 y su Reglamento de Aplicación (CE) n.° 987/2009, están diseñados para garantizar que los trabajadores no pierdan sus derechos cuando trabajan en diferentes Estados miembros y para evitar la doble cotización a la seguridad social. Sin embargo, estos reglamentos, como se ha mencionado en secciones anteriores, fueron concebidos para un contexto en el que el trabajo transfronterizo se realizaba principalmente mediante desplazamientos físicos temporales, como en el caso de los trabajadores desplazados o los trabajadores fronterizos.

---

106. *Vid.* Yañez S., «El teletrabajo y las transferencias internacionales de datos,» en *LA LEY Privacidad*, no. 13, 2022, pp. 1-5.

El teletrabajo transfronterizo, en el que el trabajador no se desplaza, sino que realiza su trabajo a distancia desde su país de residencia, no encaja perfectamente en estas categorías, lo que ha generado incertidumbre sobre la legislación aplicable en materia de seguridad social. Para abordar esta incertidumbre, la UE ha promovido la adopción de acuerdos internacionales que aclaren las normas aplicables al teletrabajo transfronterizo, como el Acuerdo Marco sobre Teletrabajo Transfronterizo de 2023.

Este Acuerdo, firmado por varios Estados miembros de la UE, establece que las personas que realicen teletrabajo transfronterizo habitual estarán sujetas a la legislación del Estado en el que el empleador tenga su sede o su domicilio, siempre que el teletrabajo transfronterizo realizado en el Estado de residencia sea inferior al 50% de la jornada laboral. Este acuerdo, aunque no resuelve todos los problemas que plantea la coordinación de los sistemas de seguridad social en el teletrabajo transfronterizo, ofrece un marco jurídico más claro y previsible para las empresas y los trabajadores.

4.3.5 El Derecho internacional privado y los desafíos del teletrabajo transfronterizo.

El teletrabajo transfronterizo, al implicar la interacción de diferentes sistemas jurídicos, plantea importantes desafíos para el Derecho internacional Privado. La determinación de la legislación aplicable, tanto en materia laboral como fiscal, la jurisdicción de los tribunales y el reconocimiento y la ejecución de sentencias extranjeras son aspectos que requieren una atención especial en el contexto del teletrabajo transfronterizo.

En materia laboral, la aplicación del Reglamento Roma I al teletrabajo transfronterizo puede ser compleja. Como se ha mencionado, la determinación del lugar de trabajo habitual, que es el criterio principal para determinar la ley aplicable, puede ser difícil en el caso del teletrabajo, ya que el trabajador puede desempeñar sus funciones desde diferentes ubicaciones o no tener un lugar de trabajo fijo.

En materia fiscal, la determinación de la residencia fiscal del teletrabajador y la ubicación del establecimiento permanente de la empresa también puede ser compleja en el contexto del teletrabajo transfronterizo. Los convenios para evitar la doble imposición internacional, si bien son un instrumento útil para resolver estos conflictos, su aplicación en la práctica no siempre es sencilla y puede generar incertidumbre para las empresas y los trabajadores.

La jurisdicción de los tribunales en los litigios laborales que surjan en el contexto del teletrabajo transfronterizo también puede ser un aspecto problemático. El Reglamento Bruselas I bis, que regula la competencia judicial en materia civil y mercantil en la UE, establece una serie de criterios para determinar el tribunal competente para conocer de un litigio. Sin embargo, estos criterios, que se basan en la conexión del litigio con el territorio de un Estado miembro, pueden ser difíciles de aplicar en el caso del teletrabajo transfronterizo, donde el trabajador y el empleador pueden encontrarse en diferentes países.

4.3.6 El «Efecto Bruselas» y la armonización del Derecho laboral en el teletrabajo transfronterizo: Una perspectiva internacional.

El «Efecto Bruselas», en el ámbito del teletrabajo transfronterizo, puede ser una herramienta para promover la armonización del Derecho laboral a nivel global. La influencia de la normativa europea, como el RGPD o la Directiva sobre el tiempo de trabajo, puede inspirar a otros países y regiones a adoptar normas similares, mejorando la protección de los derechos de los teletrabajadores en todo el mundo.

Sin embargo, el «Efecto Bruselas» también puede generar desafíos para la armonización del Derecho laboral. La aplicación extraterritorial del Derecho de la UE puede entrar en conflicto con la legislación laboral de otros países, generando incertidumbre jurídica y dificultando la protección de los derechos de los trabajadores. La UE, para promover la armonización del Derecho laboral en el contexto global, debe fomentar la cooperación internacional, el diálogo social y la negociación de acuerdos internacionales que tengan en cuenta las especificidades del teletrabajo transfronterizo.

La OIT, como organismo internacional encargado de promover el trabajo decente, tiene un papel fundamental que desempeñar en la armonización del Derecho laboral en el contexto del teletrabajo transfronterizo. La OIT debe promover el diálogo social entre gobiernos, empleadores y trabajadores, para identificar las mejores prácticas y para desarrollar normas internacionales que garanticen la protección de los derechos de los teletrabajadores transfronterizos.

4.3.7 El teletrabajo transfronterizo y el futuro del trabajo: Retos y oportunidades.

El teletrabajo transfronterizo, como una de las nuevas formas de trabajo que han surgido en la era digital, plantea importantes retos y oportunidades para el futuro del trabajo. La digitalización, la globalización y los cambios demográficos están transformando el mercado laboral, creando nuevas formas de trabajo más flexibles y móviles, pero también generando nuevos desafíos para la regulación y la protección de los derechos de los trabajadores.

El teletrabajo transfronterizo, al permitir que las personas trabajen desde cualquier lugar del mundo, puede contribuir a la creación de un mercado laboral global más competitivo e inclusivo, ofreciendo nuevas oportunidades de empleo para las personas que viven en zonas rurales o en países en desarrollo.

Sin embargo, el teletrabajo transfronterizo también plantea retos para la protección de los derechos de los trabajadores, la seguridad social y la fiscalidad.

La UE, para asegurar que el teletrabajo transfronterizo contribuya al futuro del trabajo de forma positiva, debe adaptar su normativa a las nuevas realidades del mercado laboral, promoviendo la flexibilidad, la seguridad jurídica y la protección de los derechos de los trabajadores. La UE también debe fomentar la cooperación internacional, el diálogo social y la armonización regulatoria, para garantizar que el teletrabajo transfronterizo se desarrolle de forma sostenible y beneficiosa para todos.

4.3.8 El teletrabajo transfronterizo y la gobernanza global del trabajo: Hacia un nuevo modelo de regulación.

El teletrabajo transfronterizo, al trascender las fronteras nacionales, exige una nueva forma de gobernanza global del trabajo, que sea capaz de responder a los desafíos que plantea esta nueva forma de trabajo y de garantizar la protección de los derechos de los trabajadores en un mercado laboral cada vez más globalizado. La falta de armonización regulatoria a nivel internacional y la diversidad de los ordenamientos jurídicos nacionales generan incertidumbre jurídica, dificultan la aplicación de las normas laborales y pueden poner en riesgo la protección de los derechos de los trabajadores.

La OIT, como organismo internacional encargado de promover el trabajo decente a nivel global, tiene un papel fundamental que desempeñar en la gobernanza global del teletrabajo transfronterizo. La OIT debe promover el diálogo social entre gobiernos, empleadores y trabajadores, para identificar las mejores prácticas, desarrollar normas internacionales y ofrecer asistencia técnica a los países para que puedan implementar las normas de forma efectiva.

La UE, como actor clave en el escenario internacional, debe apoyar el trabajo de la OIT y promover la cooperación internacional en materia de teletrabajo transfronterizo. La UE también debe asegurar que sus propias normas y políticas en este ámbito sean coherentes con los principios y los estándares internacionales del trabajo, y que contribuyan a la promoción del trabajo decente en el mundo.

La gobernanza global del teletrabajo transfronterizo requiere un enfoque multidimensional, que tenga en cuenta no solo los aspectos laborales, sino también las implicaciones para la protección de datos, la seguridad social, la fiscalidad y la migración. La cooperación internacional, el diálogo social y la armonización regulatoria son esenciales para construir un marco jurídico internacional que garantice que el teletrabajo transfronterizo se desarrolle de forma sostenible, equitativa y en beneficio de todos.

4.3.9 El teletrabajo transfronterizo y la transformación del Derecho laboral: Adaptándose a las nuevas realidades.

El teletrabajo transfronterizo, como fenómeno en constante evolución, plantea la necesidad de repensar el Derecho laboral y de adaptarlo a las nuevas realidades del mercado de trabajo. Las normas laborales tradicionales, concebidas para un modelo de trabajo presencial y localizado, pueden no ser adecuadas para regular el teletrabajo transfronterizo, que se caracteriza por la flexibilidad, la movilidad y la deslocalización[107].

La UE, para garantizar la protección de los derechos de los teletrabajadores transfronterizos, debe adaptar su normativa laboral a las características específicas del teletrabajo, considerando los siguientes aspectos:

— **Definición del lugar de trabajo:** La determinación del lugar de trabajo es esencial para la aplicación de la legislación laboral, la seguridad social y la fiscalidad. En el caso del teletrabajo transfronterizo, la definición del lugar de trabajo debe considerar la naturaleza del trabajo, la ubicación del trabajador y la ubicación del empleador, así como la distribución del tiempo de trabajo entre diferentes lugares.

— **Tiempo de trabajo y desconexión digital:** La regulación del tiempo de trabajo en el teletrabajo transfronterizo debe garantizar el derecho del trabajador al descanso, a la desconexión digital y a la conciliación de la vida laboral y personal. Las normas sobre tiempo de trabajo deben ser flexibles y adaptables a las necesidades del teletrabajo, pero también deben garantizar que los trabajadores no sean objeto de explotación o de una carga de trabajo excesiva.

— **Salud y seguridad en el trabajo:** La protección de la salud y la seguridad de los teletrabajadores transfronterizos requiere una adaptación de la normativa en materia de prevención de riesgos laborales a las características específicas del teletrabajo. Las empresas deben evaluar los riesgos laborales a los que están expuestos los teletrabajadores y adoptar las medidas necesarias para prevenir los accidentes y las enfermedades profesionales.

— **Protección de datos de carácter personal:** La aplicación del RGPD al teletrabajo transfronterizo debe garantizar la seguridad de los datos personales y el respeto a los derechos de los interesados. Las empresas deben implementar políticas y procedimientos de seguridad de la información, formar a los teletrabajadores en materia de protección de datos y asegurarse de que las transferencias internacionales de datos se realizan de forma lícita y segura.

---

107. *Vid.* Yañez S., «El teletrabajo y las transferencias internacionales de datos,» en *LA LEY Privacidad*, no. 13, 2022, pp. 1-5.

— **Representación de los trabajadores:** Los teletrabajadores transfronterizos deben tener garantizado su derecho a la representación colectiva y a la negociación colectiva, incluso cuando trabajan a distancia y en diferentes países. La UE debe promover mecanismos que faciliten la participación de los teletrabajadores transfronterizos en la representación colectiva y la negociación colectiva, para garantizar que sus voces sean escuchadas y que sus derechos sean protegidos.

4.3.10 El teletrabajo transfronterizo y la construcción de un nuevo Derecho laboral internacional.

El teletrabajo transfronterizo, como fenómeno global, exige la construcción de un nuevo Derecho laboral internacional, que sea capaz de responder a los desafíos que plantea esta nueva forma de trabajo y de garantizar la protección de los derechos de los trabajadores en un mercado laboral cada vez más globalizado.

La falta de armonización regulatoria a nivel internacional, la diversidad de los ordenamientos jurídicos nacionales y la complejidad de las relaciones laborales a distancia generan incertidumbre jurídica y dificultan la aplicación del Derecho laboral en el contexto del teletrabajo transfronterizo.

La OIT, como organismo internacional encargado de promover el trabajo decente a nivel global, tiene un papel fundamental que desempeñar en la construcción de un nuevo Derecho laboral internacional para el teletrabajo transfronterizo. La OIT debe promover el diálogo social entre gobiernos, empleadores y trabajadores, para identificar las mejores prácticas, para desarrollar normas internacionales y para ofrecer asistencia técnica a los países para que puedan implementar las normas de forma efectiva.

La UE, como actor clave en el escenario internacional, debe apoyar el trabajo de la OIT y promover la cooperación internacional en materia de teletrabajo transfronterizo. La UE también debe asegurar que sus propias normas y políticas en este ámbito sean coherentes con los principios y los estándares internacionales del trabajo, y que contribuyan a la promoción del trabajo decente en el mundo.

La construcción de un nuevo Derecho laboral internacional para el teletrabajo transfronterizo requiere un enfoque multidimensional, que tenga en cuenta no solo los aspectos laborales, sino también las implicaciones para la protección de datos, la seguridad social, la fiscalidad y la migración. La cooperación internacional, el diálogo social y la armonización regulatoria son esenciales para construir un marco jurídico internacional que garantice que el teletrabajo transfronterizo se desarrolle de forma sostenible, equitativa y en beneficio de todos.

4.4. EL «EFECTO BRUSELAS» Y LA EXTERNALIZACIÓN DE SERVICIOS.

La externalización de servicios, una práctica empresarial cada vez más común en la economía globalizada, implica la contratación de un proveedor externo para realizar funciones o tareas que antes eran desempeñadas por la propia empresa[108]. Esta práctica, motivada por la búsqueda de eficiencia, la reducción de costes y el acceso a talento especializado, ha experimentado un crecimiento exponencial en las últimas décadas, transformando la organización del trabajo y las cadenas de valor a nivel global.

En el contexto de la Unión Europea, la externalización de servicios a terceros países, ubicados fuera del territorio de la UE, ha planteado importantes desafíos para la aplicación extraterritorial del Derecho comunitario, generando un intenso debate sobre el alcance del «Efecto Bruselas» y su impacto en las relaciones entre la UE y los terceros países.

El Efecto Bruselas, en este ámbito, se ha venido manifestando en la marcada influencia de la normativa europea en la regulación de la externalización de servicios, especialmente en áreas como la protección de datos, el Derecho laboral y la responsabilidad social corporativa. La UE, a través de su normativa y su jurisprudencia, ha buscado extender sus estándares y principios a las empresas que externalizan servicios a terceros países, con el objetivo de proteger los derechos de los trabajadores, el medio ambiente y los intereses de los consumidores.

Esta proyección extraterritorial de la normativa europea, sin embargo, también ha generado tensiones con la soberanía de los Estados y ha planteado la necesidad de encontrar un equilibrio entre la protección de los intereses de la UE y el respeto al Derecho internacional.

4.4.1 La externalización de servicios: Desafíos para el serecho de la UE y el «Efecto Bruselas».

La externalización de servicios a terceros países, involucra a empresas y trabajadores ubicados fuera del territorio de la UE, esta demanda una serie de desafíos para la aplicación y el cumplimiento del Derecho comunitario. Las normas europeas, tradicionalmente concebidas para regular las actividades de las empresas dentro del mercado único, deben ahora aplicarse a situaciones en las que la empresa contrata a un proveedor ubicado en un tercer país, lo que exige un análisis cuidadoso del alcance extraterritorial del Derecho de la UE y sus implicaciones para el «Efecto Bruselas».

---

108. *Vid.* Bradford A., *The Brussels Effect: How the European Union Rules the World*, Oxford University Press, Oxford, 2020.

Uno de los principales desafíos es la determinación de la ley aplicable al contrato de externalización de servicios. El Reglamento «Roma I», que regula la ley aplicable a las obligaciones contractuales, establece que, en ausencia de una elección expresa por las partes, el contrato se regirá por la ley del país donde el prestador de servicios tenga su establecimiento principal[109]. Sin embargo, en el caso de la externalización de servicios, la determinación de la ley aplicable puede ser compleja, ya que el contrato puede involucrar a varias partes ubicadas en diferentes países, la prestación de servicios puede realizarse en múltiples jurisdicciones y la normativa de la UE puede establecer requisitos específicos que deben ser cumplidos por el proveedor de servicios, independientemente de la ley aplicable al contrato.

Otro desafío importante es la capacidad de las autoridades europeas para supervisar y controlar el cumplimiento de la normativa de la UE por parte de los proveedores de servicios ubicados fuera del territorio de la Unión. La distancia geográfica, las diferencias en los sistemas jurídicos, la falta de cooperación entre las autoridades y la complejidad de las cadenas de suministro globales pueden dificultar la supervisión, el control y la aplicación de sanciones en caso de incumplimiento. La UE, para garantizar la eficacia de su normativa en el contexto de la externalización de servicios, debe fortalecer los mecanismos de cooperación internacional, el diálogo con terceros países y el desarrollo de herramientas de supervisión a distancia.

4.4.2 El RGPD y la protección de datos en la externalización de servicios: Alcance y desafíos.

La protección de datos personales es un aspecto crucial en la externalización de servicios, especialmente cuando los datos que se transfieren al proveedor incluyen información sensible sobre clientes, empleados o usuarios. El RGPD, con su alcance extraterritorial, se aplica a los proveedores de servicios ubicados fuera de la UE que tratan datos personales de ciudadanos de la Unión en el marco de la prestación de servicios a empresas europeas[110]. Esta aplicación extraterritorial del RGPD tiene como objetivo garantizar un alto nivel de protección de datos para los ciudadanos europeos, incluso cuando sus datos son tratados por empresas ubicadas fuera del territorio de los países miembros de la UE.

---

109. Reglamento (CE) n.º 593/2008 del Parlamento Europeo y del Consejo de 17 de junio de 2008 sobre la ley aplicable a las obligaciones contractuales («Roma I»). Diario Oficial de la Unión Europea. 2008 junio 17; L 177/6.

110. Reglamento (UE) 2016/679 del Parlamento Europeo y del Consejo, de 27 de abril de 2016, relativo a la protección de las personas físicas en lo que respecta al tratamiento de datos personales y a la libre circulación de estos datos y por el que se deroga la Directiva 95/46/CE (Reglamento general de protección de datos). Diario Oficial de la Unión Europea. 2016 mayo 4; L119:1-88.

Las empresas que externalizan servicios a terceros países deben asegurarse de que sus proveedores cumplen con las exigencias del RGPD, incluyendo los principios de licitud, lealtad y transparencia, la limitación de la finalidad, la minimización de datos, la exactitud, la integridad y la confidencialidad en el tratamiento de datos. En este sentido, las empresas deben implementar las garantías adecuadas para la transferencia internacional de datos, como las Cláusulas Contractuales Tipo (SCCs) o las Normas Corporativas Vinculantes (BCRs)[111]. Las SCCs, como ya se ha explicado, son cláusulas contractuales estandarizadas, aprobadas por la Comisión Europea, que se incorporan en los contratos entre el exportador y el importador de datos, para garantizar que el tratamiento de los datos en el país de destino cumpla con los requisitos del RGPD. Las BCRs, por su parte, son políticas internas de protección de datos adoptadas por grupos empresariales multinacionales, que garantizan un nivel uniforme de protección en todas sus filiales, incluidas aquellas ubicadas fuera de la comunidad.

La elección entre SCCs y BCRs depende de las circunstancias específicas de cada caso y de la estructura y las operaciones del grupo empresarial. Las SCCs ofrecen una solución más flexible y adaptable a diferentes situaciones, mientras que las BCRs ofrecen un marco de cumplimiento más integral y coherente para las multinacionales. No obstante, la implementación de las BCRs suele ser un proceso más complejo y costoso que la implementación de las SCCs.

La aplicación del RGPD a la externalización de servicios plantea desafíos específicos, como que se requiere garantizar la seguridad de los datos que se transfieren a través de las fronteras, la gestión de los riesgos de ciberseguridad, la formación del personal del proveedor en materia de protección de datos y la coordinación con las autoridades de protección de datos de los diferentes países involucrados. Las empresas que externalizan servicios a terceros países han de llevar adelante mecanismos de control y supervisión para verificar que sus proveedores cumplen con las exigencias del RGPD y que adoptan las medidas necesarias para proteger los datos personales de los ciudadanos de la UE.

4.4.3 Debida diligencia en Derechos humanos, medio ambiente y gobernanza.

La Responsabilidad Social Corporativa (RSC), que abarca el conjunto de políticas y prácticas empresariales que buscan minimizar el impacto negativo de la actividad empresarial en la sociedad, el medio ambiente y la gobernanza, ha adquirido una creciente importancia en las últimas décadas, impulsada por la presión de los consumidores, los inversores, las organizaciones de la sociedad civil y los propios Estados. La UE, a través de directivas como la Directiva sobre la debida diligencia de las empresas en materia de sostenibilidad, ha

---

111. *Vid.* Yañez S., «El teletrabajo y las transferencias internacionales de datos,» en *LA LEY Privacidad*, no. 13, 2022, pp. 1-5.

establecido obligaciones para las empresas en materia de debida diligencia en Derechos humanos, medioambientales y de gobernanza, con el objetivo de prevenir y mitigar los riesgos de violaciones de derechos y daños ambientales en sus cadenas de suministro globales.

La aplicación extraterritorial de esta Directiva, que se extiende a las empresas extracomunitarias que operan en el mercado de la UE, es un claro ejemplo del «Efecto Bruselas» en el ámbito de la RSC. Las empresas que externalizan servicios a terceros países deben establecer una debida diligencia en materia de Derechos humanos, medio ambiente y gobernanza, para identificar, prevenir y mitigar los riesgos de violaciones de Derechos humanos, daños ambientales y prácticas de corrupción en sus cadenas de suministro. Estas actividades deben incluir la evaluación de los riesgos, la adopción de políticas y procedimientos para prevenir los impactos negativos, la implementación de mecanismos de reclamación y reparación y el seguimiento y la evaluación de la eficacia de las medidas adoptadas.

La debida diligencia en materia de RSC no solo es una obligación legal para las empresas, sino que también puede ser una herramienta para mejorar su reputación, fortalecer la confianza de los inversores y los consumidores y contribuir al desarrollo sostenible. La UE, promueve la adopción de estándares de RSC a nivel global a través del «Efecto Bruselas», puede impulsar la transformación de las prácticas empresariales y la construcción de un sistema económico más justo, equitativo y sostenible.

4.4.5 El «Efecto Bruselas» y la «Carrera hacia el abismo» en la externalización de servicios.

La aplicación extraterritorial del Derecho de la UE en el ámbito de la externalización de servicios, si bien puede contribuir a la mejora de los estándares laborales, ambientales y de gobernanza en los países en desarrollo, también puede generar el riesgo de una «carrera hacia el abismo» (*race to the bottom*), donde las empresas trasladan sus operaciones a países con regulaciones menos exigentes para reducir costes y maximizar sus beneficios.

Este fenómeno, que puede tener consecuencias negativas para los trabajadores, el medio ambiente y el desarrollo sostenible en los países receptores de la inversión extranjera, debe ser abordado a través de la cooperación internacional y la armonización regulatoria. La UE, para evitar la carrera hacia el abismo, debe promover la cooperación con terceros países en materia de RSC y de protección de datos, y debe buscar la armonización de las normas a nivel internacional, a través de la negociación de acuerdos internacionales y la participación activa en foros multilaterales como la OIT y la OCDE.

4.4.6 Control y supervisión del cumplimiento en la externalización de servicios: Desafíos y soluciones.

La externalización de servicios a terceros países, involucra como se ha mencionado, la contratación de proveedores ubicados fuera del territorio de la UE, se traduce en importantes desafíos para el control y la supervisión del cumplimiento de la normativa europea, especialmente en materia de protección de datos, Derecho laboral y RSC. La distancia geográfica, las diferencias en los sistemas jurídicos, la falta de cooperación entre las autoridades y la complejidad de las cadenas de suministro globales pueden dificultar la supervisión del cumplimiento y la aplicación de sanciones en caso de incumplimiento.

Para garantizar la eficacia de su normativa en el contexto de la externalización de servicios, la UE debe fortalecer los mecanismos de control y supervisión, promoviendo la cooperación con las autoridades de terceros países y desarrollando herramientas de supervisión a distancia. La cooperación internacional, a través de acuerdos bilaterales o multilaterales con terceros países, puede facilitar el intercambio de información, la asistencia mutua en materia de supervisión y el reconocimiento de las decisiones de las autoridades europeas.

La UE también ha de fomentar la transparencia y la rendición de cuentas en las cadenas de suministro globales, exigiendo a las empresas que informen sobre sus prácticas de externalización de servicios y que adopten medidas para garantizar el cumplimiento de la normativa europea por parte de sus proveedores. La publicación de informes de sostenibilidad, que incluyan información sobre las prácticas de externalización de servicios, puede contribuir a la transparencia y a una rendición de cuentas claras.

4.4.7 El «Efecto Bruselas» y la «Europeización» de la Responsabilidad Social Corporativa: ¿Imposición o cooperación?

La influencia normativa de la UE en el ámbito de la RSC, a través del «Efecto Bruselas», ha generado un debate profundo sobre la «europeización» de los estándares de RSC. Algunos autores consideran que el «Efecto Bruselas», en este ámbito, es una forma de imperialismo regulatorio, donde la UE impone sus valores y sus normas a terceros países, sin tener en cuenta sus particularidades culturales y económicas. Otros autores, por el contrario, ven el «Efecto Bruselas» como una fuerza positiva para la promoción de la RSC a nivel global, argumentando que la UE, al establecer estándares más exigentes en materia de Derechos humanos, medio ambiente y lucha contra la corrupción, está impulsando la adopción de prácticas empresariales más responsables y sostenibles en todo el mundo.

El debate sobre la «europeización» de los estándares de RSC es complejo y requiere un análisis que tenga en cuenta diferentes perspectivas. Si bien es cierto que la UE ha tenido un papel líder en la promoción de la RSC a nivel global y que su normativa ha influido en la legislación y las prácticas de muchos países, también es cierto que la aplicación extraterritorial del Derecho de la UE en materia de RSC puede generar tensiones con la soberanía de los Estados y con la diversidad cultural y jurídica.

La UE, para promover la RSC a nivel global de forma legítima y eficaz, debe actuar con respeto al Derecho internacional, a la soberanía de los Estados y a la diversidad cultural. La cooperación internacional, el diálogo con los terceros países y la búsqueda de soluciones consensuadas son esenciales para evitar que el «Efecto Bruselas» sea percibido como una imposición de normas y valores europeos, y para garantizar que contribuya a la promoción de la RSC a nivel global.

4.4.8 Conclusiones: El «Efecto Bruselas», la externalización de servicios y el futuro de la Responsabilidad Social Corporativa.

La externalización de servicios a terceros países, como práctica cada vez más común en la economía globalizada, conlleva importantes desafíos para la aplicación extraterritorial del Derecho de la UE, la protección de los Derechos humanos y el desarrollo sostenible. El «Efecto Bruselas», en este contexto, se evidencia en la creciente influencia de la normativa europea en la regulación de la externalización de servicios, especialmente en materia de protección de datos y responsabilidad social corporativa.

El RGPD, con su alcance extraterritorial, ha llegado a ser una herramienta clave para garantizar la protección de datos en la externalización de servicios, obligando a las empresas a asegurar que sus proveedores, incluso si están ubicados fuera de las fronteras de la UE, cumplan con los estándares europeos de protección de datos. La Directiva sobre la debida diligencia de las empresas en materia de sostenibilidad también es relevante para la externalización de servicios, al exigir a las empresas que realicen una debida diligencia en materia de Derechos humanos, medio ambiente y gobernanza, para prevenir y mitigar los riesgos de violaciones de Derechos humanos y daños ambientales en sus cadenas de suministro.

El «Efecto Bruselas», en lo referente a la externalización de servicios, puede contribuir a la mejora de los estándares laborales, ambientales y de gobernanza en los países en desarrollo, al incentivar la adopción de prácticas empresariales más responsables y sostenibles. Sin embargo, el «Efecto Bruselas» también puede generar una «carrera hacia el abismo», donde las empresas trasladan sus operaciones a países con regulaciones menos exigentes para reducir costes, lo que puede tener consecuencias negativas para los trabajadores, el medio ambiente y el desarrollo sostenible.

La UE, para evitar este fenómeno, ha de promover la cooperación internacional, el diálogo con terceros países y la armonización regulatoria en materia de RSC y protección de datos. La externalización de servicios a terceros países plantea desafíos para el control y la supervisión del cumplimiento de la normativa europea, y la UE debe fortalecer los mecanismos de control y supervisión para garantizar la eficacia de su normativa. La cooperación con las autoridades de terceros países y el desarrollo de herramientas de supervisión a distancia son esenciales para abordar estos desafíos.

El «Efecto Bruselas», en el contexto de la externalización de servicios, plantea un debate sobre la «europeización» de los estándares de RSC. La UE, para evitar que el «Efecto Bruselas» sea percibido como una imposición de normas y valores europeos, debe actuar con respeto al Derecho internacional, a la soberanía de los Estados y a la diversidad cultural, promoviendo el diálogo y la cooperación con los terceros países. El futuro de la RSC en la era de la globalización dependerá, en gran medida, de la capacidad de la UE para liderar un proceso de armonización regulatoria global que sea legítimo, eficaz y respetuoso con la soberanía de los Estados.

5.
EL «EFECTO BRUSELAS» EN ÁREAS ESPECÍFICAS DEL DERECHO.

5.1 DERECHO DE LA COMPETENCIA.

El Derecho de la competencia es un pilar fundamental del ordenamiento jurídico de la Unión Europea, diseñado para proteger el mercado interior, garantizar la eficiencia económica y promover el bienestar de los consumidores[112]. En esencia, busca asegurar que las empresas compitan de manera justa y transparente, evitando prácticas anticompetitivas que distorsionen el mercado y perjudiquen a los consumidores. El «Efecto Bruselas», en esta área, se plasma en la influencia que las normas y la jurisprudencia de la UE en materia de competencia tienen en la legislación y las prácticas de terceros países, incluso en aquellos que no son miembros del bloque. Esta influencia, que se ha ido consolidando a lo largo de las últimas décadas, refleja el liderazgo de la UE en la defensa de la competencia y su capacidad para proyectar sus normas y estándares a nivel global, impulsando una mayor convergencia en las políticas de competencia a nivel internacional.

---

112. *Vid.* Chalmers D, Davies G, Monti G., «European Union Law», Cambridge University Press, Cambridge, 2010.

5.1.1 La aplicación extraterritorial del Derecho de la competencia de la Unión Europea: Fundamentos y alcance.

La aplicación extraterritorial del Derecho de la competencia de la UE se fundamenta en el principio del «efecto», que permite a la Unión extender su jurisdicción a conductas realizadas fuera de su territorio, siempre que estas conductas tengan un impacto apreciable en el mercado interior. Este principio, desarrollado por el TJUE en su jurisprudencia, ha sido clave para la expansión del Derecho de la competencia de la UE a nivel global.

Para que se aplique la normativa europea de competencia a empresas con sede fuera de la UE, el TJUE ha establecido que los efectos de su conducta en el mercado interior deben ser «directos, sustanciales y previsibles»[113]. Estos criterios, que han sido reafirmados en numerosas sentencias del TJUE, buscan garantizar que la aplicación extraterritorial del Derecho de la competencia de la UE sea justificada y proporcional al impacto de la conducta en el mercado interior.

La aplicación extraterritorial del Derecho de la competencia no solo protege a los consumidores y las empresas europeas de las prácticas anticompetitivas de las empresas multinacionales, sino que también contribuye a la promoción de la competencia a nivel global. Al sancionar a empresas con sede fuera de la UE por prácticas que afectan al mercado interior, la UE está incentivando a las empresas a adoptar prácticas comerciales más justas y transparentes en todo el mundo.

5.1.2 El Reglamento 1/2003: Control de concentraciones con dimensión extraterritorial.

El Reglamento 1/2003 del Consejo, sobre el control de las concentraciones entre empresas, es una pieza fundamental del Derecho de la competencia de la UE. Este reglamento establece un sistema de control previo de las concentraciones que puedan afectar significativamente a la competencia en el mercado interior, garantizando que las fusiones y adquisiciones no den lugar a la creación o al fortalecimiento de posiciones dominantes que perjudiquen la competencia. El Reglamento 1/2003 se aplica a las concentraciones que superan ciertos umbrales cuantitativos, definidos en función del volumen de negocios mundial de las empresas involucradas.

El Reglamento 1/2003, al igual que otras normas de competencia de la UE, tiene un alcance extraterritorial. Se aplica a las concentraciones que, aunque

---

113. *Vid.* Monti G., «The Global Reach of EU Competition Law,» en Dover R., Frosini J. (eds.), *EU Law Beyond EU Borders: The Extraterritorial Reach of EU Law*, Oxford Academic, Oxford, 2019, pp. 174-96.

involucren a empresas con sede fuera de la UE, tengan un impacto relevante en el mercado interior. El TJUE, en su jurisprudencia, ha confirmado la aplicación extraterritorial del Reglamento 1/2003, estableciendo que el Reglamento es aplicable a las concentraciones que cumplen los umbrales cuantitativos, incluso cuando las empresas involucradas no tienen su sede en la UE, siempre que la concentración tenga un efecto apreciable en el mercado interior europeo[114].

La aplicación extraterritorial del Reglamento 1/2003 ha permitido a la Comisión Europea controlar y, en algunos casos, prohibir concentraciones entre empresas multinacionales con sede fuera de la UE, cuando estas concentraciones han tenido el potencial de restringir la competencia en el mercado interior. Esta aplicación extraterritorial del Reglamento, que es una clara muestra del «Efecto Bruselas», que ha contribuido a la promoción de la competencia a nivel global, al incentivar a las empresas a tener en cuenta el impacto de sus operaciones de concentración en el mercado interior de la UE.

El caso *Gencor/Lonrho* (1997) es un ejemplo de la aplicación extraterritorial del Reglamento 1/2003. En este caso, el TJUE consideró que una concentración entre dos empresas mineras, con sede en Sudáfrica y el Reino Unido, estaba sujeta al control de la Comisión Europea, ya que la concentración, aunque no involucraba a empresas con sede en la UE, tenía un impacto significativo en el mercado europeo de platino. El Tribunal consideró que la concentración crearía una posición dominante en el mercado europeo y que, por lo tanto, debía ser notificada a la Comisión Europea para su autorización.

El caso *GE/Honeywell* (2001) es otro caso relevante para la aplicación extraterritorial del Reglamento 1/2003. En este caso, el TJUE confirmó la decisión de la Comisión Europea de prohibir una concentración entre General Electric y Honeywell, dos empresas estadounidenses, al considerar que la concentración, aunque no involucraba a empresas con sede en la UE, tendría un impacto negativo en la competencia en el mercado europeo de motores de avión. El Tribunal consideró que la concentración reduciría significativamente la competencia en este mercado y que, por lo tanto, no debía ser autorizada. Estos dos casos, que han sentado precedentes importantes para la aplicación extraterritorial del Reglamento 1/2003, ilustran la capacidad de la UE para controlar las concentraciones entre empresas multinacionales, incluso cuando estas empresas no tienen su sede en el territorio de la Unión.

---

114. *Vid.* Craig P, De Búrca G., *EU Law: Text, Cases, and Materials*, 5ª ed., Oxford University Press, Oxford, 2011.

5.1.3 Prácticas colusorias y abuso de posición dominante: Jurisdicción y alcance extraterritorial.

El Derecho de la competencia de la UE no solo regula las concentraciones, sino también las prácticas colusorias, como los cárteles y otras formas de acuerdos restrictivos de la competencia, y el abuso de posición dominante. El artículo 101 del TFUE prohíbe los acuerdos entre empresas, las decisiones de asociaciones de empresas y las prácticas concertadas que puedan afectar al comercio entre los Estados miembros y que tengan por objeto o efecto impedir, restringir o falsear la competencia en el mercado interior. El artículo 102 del TFUE, por su parte, prohíbe la explotación abusiva, por parte de una o más empresas, de una posición dominante en el mercado interior o en una parte sustancial del mismo, en la medida en que pueda afectar al comercio entre los Estados miembros.

La aplicación extraterritorial de los artículos 101 y 102 del TFUE es un elemento esencial del «Efecto Bruselas» en materia de competencia. El TJUE, en su jurisprudencia, ha establecido que estas disposiciones pueden aplicarse a conductas realizadas fuera del territorio de la UE, siempre que estas conductas tengan un impacto apreciable en el mercado interior. El principio del «efecto», desarrollado por el TJUE en casos como *Dyestuffs* (1972) y *Wood Pulp* (1988), es la base jurídica para la aplicación extraterritorial de los artículos 101 y 102 del TFUE[115].

El caso *Dyestuffs* (1972), como se ha mencionado en secciones anteriores, es un precedente fundamental para la aplicación extraterritorial del Derecho de la competencia de la UE. En este caso, el TJUE consideró que un cártel de productores de colorantes, con sede fuera de la Comunidad Económica Europea (CEE), estaba sujeto a la normativa comunitaria de competencia, ya que sus prácticas anticompetitivas tenían un impacto directo y sustancial en el mercado común.

En el caso *Wood Pulp* (1988), el TJUE precisó los criterios para la aplicación extraterritorial del Derecho de la competencia, estableciendo que los efectos de la conducta en el mercado interior deben ser directos, sustanciales y previsibles. Esta sentencia ha sido fundamental para delimitar el alcance del «Efecto Bruselas» en materia de competencia y para garantizar que su aplicación sea justificada y proporcional al impacto de la conducta en el mercado interior.

La aplicación extraterritorial de los artículos 101 y 102 del TFUE ha permitido a la UE sancionar a empresas multinacionales con sede fuera del bloque por prácticas anticompetitivas que afectan al mercado interior, como la fijación de precios, el reparto de mercados o el abuso de posición dominante. Esta aplicación extraterritorial del Derecho de la competencia ha contribuido a la

---

115. TJCE. Sentencia de 27 de septiembre de 1988. Asuntos acumulados 89, 104, 114, 116, 117 y 125 a 129/85: A. Ahlström Osakeyhtiö y otros contra Comisión de las Comunidades Europeas. Rec. 1988, p. 5193-5269.

promoción de la competencia a nivel global, al incentivar a las empresas a adoptar prácticas comerciales más justas y transparentes y a tener en cuenta el impacto de sus conductas en el mercado interior de la UE.

5.1.4 El «Efecto Bruselas» y la política de competencia de la UE: Coherencia, eficacia e influencia global.

El «Efecto Bruselas», en el terreno del Derecho de la competencia, refleja la influencia de la política de competencia de la UE a nivel global. La UE, a través de su acción en materia de competencia, ha promovido la adopción de estándares europeos por parte de terceros países, contribuyendo a la creación de un marco jurídico internacional más coherente y eficaz para la defensa de la competencia y la protección de los consumidores.

La política de competencia de la UE, que busca garantizar un mercado único competitivo, se basa en los siguientes principios:

— **Primacía del Derecho de la UE:** El Derecho de la competencia de la UE prevalece sobre las normas nacionales de competencia en caso de conflicto.
— **Independencia de las autoridades de competencia:** La UE garantiza la independencia de las autoridades nacionales de competencia, para que puedan aplicar las normas de competencia de forma objetiva e imparcial.
— **Cooperación internacional:** La UE promueve la cooperación internacional en materia de competencia, para garantizar la coherencia y la eficacia de las normas de competencia a nivel global y para evitar conflictos de jurisdicción.

La aplicación extraterritorial del Derecho de la competencia de la UE es un elemento clave de la política de competencia de la Unión. La UE, al sancionar a empresas multinacionales con sede fuera del bloque por prácticas anticompetitivas que afectan al mercado interior, está enviando un mensaje claro a las empresas de todo el mundo: la UE no tolerará las prácticas que perjudiquen a sus consumidores o a su economía.

5.1.5 El «Efecto Bruselas» y el Derecho de la competencia: Desafíos y perspectivas.

El «Efecto Bruselas», en la cuestión del Derecho de la competencia, presenta tanto oportunidades como desafíos para la UE. Entre las oportunidades, destaca la posibilidad de promover la competencia a nivel global, al incentivar a las empresas a adoptar prácticas comerciales más justas y transparentes. La influencia de la UE en la regulación de la competencia a nivel internacional puede contribuir a la creación de un mercado global más competitivo, en beneficio de los consumidores y de la economía mundial.

No obstante, el «Efecto Bruselas» conlleva una serie de desafíos para la UE, que debe ser consciente de los posibles efectos negativos de su política de competencia en terceros países y debe actuar con prudencia y en un marco de respeto al Derecho internacional. Entre los principales desafíos que plantea el «Efecto Bruselas» en materia de competencia, se encuentran:

— **Tensiones con terceros países:** La aplicación extraterritorial del Derecho de la competencia de la UE puede generar tensiones con terceros países, que pueden considerar que la UE está interfiriendo en sus asuntos internos o adoptando medidas proteccionistas.
— **Aplicación inconsistente del Derecho de la UE:** El riesgo de una aplicación inconsistente del Derecho de la competencia de la UE por parte de las autoridades nacionales de competencia de terceros países es otro desafío importante.
— **Costes de cumplimiento:** La aplicación extraterritorial del Derecho de la competencia de la UE puede generar costes de cumplimiento significativos para las empresas, especialmente para las pymes, lo que puede afectar a su competitividad.
— **Falta de legitimidad democrática:** Algunos autores han criticado la falta de legitimidad democrática del «Efecto Bruselas», argumentando que la UE está imponiendo sus normas a terceros países sin su consentimiento.

La UE, para mitigar estos desafíos, debe actuar con prudencia, buscar la cooperación con los terceros países, promover el diálogo y la armonización regulatoria, y garantizar una aplicación uniforme y previsible de su Derecho de la competencia. El «Efecto Bruselas», si se utiliza de forma responsable y con respeto al Derecho internacional, puede ser una herramienta poderosa para promover la competencia a nivel global, pero también puede generar tensiones y conflictos si no se aplica con cuidado y sensibilidad.

5.1.6 El «Efecto Bruselas» y el futuro del Derecho de la competencia: Adaptándose a un mundo en transformación.

El Derecho de la competencia, tanto en la UE como a nivel global, se encuentra en un proceso de transformación, impulsado por la digitalización, la globalización y el auge de las nuevas tecnologías. El «Efecto Bruselas», en este contexto, debe adaptarse a las nuevas realidades del mercado y a los desafíos que plantean las prácticas anticompetitivas en la era digital.

La UE, para mantener su liderazgo en materia de competencia y para promover la competencia a nivel global, debe seguir innovando en su política de competencia y adaptando su normativa y su jurisprudencia a las nuevas realidades del mercado. La cooperación internacional, el diálogo con terceros países y la armonización regulatoria son más importantes que nunca en un mundo cada vez más interconectado y complejo.

El «Efecto Bruselas», si se materializa de forma responsable y con respeto al Derecho internacional, puede ser un agente poderoso en la promoción de un mercado global más competitivo y eficiente, en beneficio de los consumidores y de la economía mundial en general. Empero, la UE debe ser consciente de los desafíos que plantea el «Efecto Bruselas» y debe actuar con prudencia para evitar que genere tensiones o problemas con terceros países. El futuro del Derecho de la competencia, tanto en la UE como a nivel global, dependerá de la capacidad de los diferentes actores, incluyendo los Estados, las organizaciones internacionales y las empresas, para cooperar y construir un marco jurídico internacional que sea eficaz, legítimo y adaptado a las nuevas realidades de la economía digital.

5.2. DERECHO AMBIENTAL.

El Derecho Ambiental, un ámbito del ordenamiento jurídico de la Unión Europea que ha experimentado un notable desarrollo en las últimas décadas, se ha convertido en un escenario privilegiado para observar la influencia normativa de la UE a nivel global, así como los desafíos que plantea la aplicación extraterritorial de sus normas[116]. La UE, a través de su ambiciosa política ambiental, ha buscado no solo proteger el medio ambiente dentro de sus fronteras, sino también promover el desarrollo sostenible, la conservación de la biodiversidad y la lucha contra el cambio climático a nivel internacional[117]. El «Efecto Bruselas», en este contexto, se manifiesta en la capacidad de la UE para influir en la legislación y las prácticas ambientales de terceros países, incluso en aquellos que no son miembros del bloque[118]. Esta influencia, que se basa en el poder normativo de la UE, su liderazgo en materia ambiental y la interdependencia entre los Estados en la gestión de los problemas ambientales

---

116. *Vid.* Selin H., VanDeveer S.D., *European Union and Environmental Governance*, Routledge, London, 2015.

117. *Vid.* OBYDENKOVA, Anastassia; VIEIRA, Vinícius G. Rodrigues; TOSUN, Jale, *The impact of new actors in global environmental politics: The European Bank for Reconstruction and Development meets China. En Global Environmental Politics and International Organizations*, Routledge, 2024. pp. 39-59.

118. *Vid.* Snyder F., *The External Relations of the European Union: Law, Policy, and the Pursuit of Legitimacy*, Oxford University Press, Oxford, 2003.

globales, ha generado un intenso debate sobre la legitimidad y las implicaciones de la extraterritorialidad del Derecho Ambiental de la UE y su interacción con el Derecho internacional Público. Comprender el alcance y los límites del «Efecto Bruselas» en el Derecho Ambiental es esencial para analizar la eficacia de la política ambiental de la UE y para promover una gobernanza ambiental global que sea justa, equitativa y sostenible.

5.2.1 La aplicación extraterritorial de las normas ambientales de la Unión Europea: Fundamentos, mecanismos y desafíos.

La aplicación extraterritorial de las normas ambientales de la UE se fundamenta en la creciente interdependencia entre los Estados en materia ambiental y en la necesidad de una acción colectiva y coordinada a nivel global para afrontar los desafíos ambientales que trascienden las fronteras nacionales[119]. Problemas como el cambio climático, la pérdida de biodiversidad, la contaminación transfronteriza, la gestión de los recursos naturales compartidos y el tráfico ilícito de residuos exigen soluciones que requieran la cooperación entre los Estados, las organizaciones internacionales, las empresas y la sociedad civil. La UE, al proyectar su normativa ambiental más allá de sus fronteras, busca no solo proteger su propio medio ambiente, sino también contribuir a la protección del medio ambiente global y promover un desarrollo sostenible a nivel internacional.

La UE, como actor clave en el escenario internacional y pionera en la adopción de políticas ambientales ambiciosas, ha asumido un papel de liderazgo en la promoción de la protección ambiental a nivel global[120], utilizando diferentes dispositivos para proyectar su influencia normativa en este ámbito. Selin y VanDeveer[121] analizan la gobernanza ambiental de la UE y su impacto en la política ambiental internacional. Entre los mecanismos utilizados por la UE para proyectar su influencia normativa en materia ambiental se encuentran:

— **Cláusulas ambientales en acuerdos comerciales:** La UE ha incorporado cláusulas ambientales en sus acuerdos comerciales con terceros países, obligando a sus socios comerciales a respetar ciertos estándares ambientales mínimos, a cooperar en la protección del medio ambiente y a promover el desarrollo sostenible. Estas cláusulas, que pueden tener

---

119. Vid. Craig P, De Búrca G., EU Law: Text, Cases, and Materials, 5ª ed., Oxford University Press, Oxford, 2011.

120. *Vid.* Meadows D.H., Meadows D.L., Randers J., Behrens III W.W., *The Limits to Growth: A Report for the Club of Rome's Project on the Predicament of Mankind*, Universe Books, New York, 1972.

121. *Vid.* Selin H., VanDeveer S.D., *European Union and Environmental Governance*, Routledge, London, 2015.

un efecto extraterritorial al influir en la legislación y las prácticas ambientales de los terceros países, son una manifestación del poder normativo de la UE en el ámbito ambiental y un ejemplo del «Efecto Bruselas» en acción[122]. El análisis de Snyder[123] sobre las relaciones exteriores de la UE es útil para comprender cómo la Unión utiliza los acuerdos comerciales para promover sus objetivos ambientales.

— **Sanciones a empresas por incumplimiento de la normativa ambiental:** La UE puede aplicar sanciones a empresas que incumplen su normativa ambiental, incluso cuando la sede de la empresa se encuentra fuera del territorio de la Unión. Esta aplicación extraterritorial de las sanciones, que busca disuadir a las empresas de vulnerar las normas ambientales de la UE, independientemente de su ubicación geográfica, es un ejemplo del alcance del «Efecto Bruselas» y de su capacidad para influir en la conducta de las empresas multinacionales[124].

— **Promoción de estándares ambientales internacionales**: La UE participa activamente en los foros internacionales de medio ambiente, como la Convención Marco de las Naciones Unidas sobre el Cambio Climático (CMNUCC) o el Convenio sobre la Diversidad Biológica (CDB), promoviendo la adopción de estándares ambientales internacionales más ambiciosos y la cooperación entre los Estados para la protección del medio ambiente global[125]. La influencia de la UE en estos foros, que se basa en su liderazgo en materia ambiental, su capacidad para movilizar recursos financieros y técnicos y su poder de negociación, puede contribuir a la expansión del «Efecto Bruselas» a nivel global, al influir en la agenda ambiental internacional.

La aplicación extraterritorial de las normas ambientales de la UE, sin embargo, no está exenta de desafíos. La delimitación del alcance extraterritorial del Derecho Ambiental de la UE puede ser compleja, y el TJUE, en su jurisprudencia, ha tenido que equilibrar la necesidad de proteger el medio ambiente con el respeto a la soberanía de los Estados y al principio de no injerencia en asuntos internos. La aplicación extraterritorial de las normas ambientales de la UE también puede generar tensiones con terceros países, que pueden considerar que la UE está imponiendo sus normas a nivel global, sin tener en cuenta

---

122. *Vid.* Boyle A., «Climate Change, the Paris Agreement and Human Rights,» en *International & Comparative Law Quarterly*, vol. 67, no. 4, 2018, pp. 759-777.

123. *Vid.* Snyder F., *The External Relations of the European Union: Law, Policy, and the Pursuit of Legitimacy*, Oxford University Press, Oxford, 2003.

124. Commission of the European Communities. Communication from the Commission to the Council and the European Parliament on the implementation of the Community Strategy and Action Plan on the integration of environmental protection requirements into the definition and implementation of policies and activities relating to development cooperation, including an indicative list of actions, SEC (1999) 1948 final. Bruselas: Commission of the European Communities; 1999.

125. *Vid.* Kuyper J., Schroeder H., Linnér B.-O., «The Evolution of the UNFCCC,» en *Annual Review of Environment and Resources*, vol. 43, n°. 1, 2018, pp. 343-68.

sus particularidades económicas, sociales y ambientales. La UE, para promover una aplicación extraterritorial de su Derecho Ambiental que sea legítima y eficaz, debe fomentar la cooperación internacional, el diálogo con los terceros países y la armonización regulatoria, buscando soluciones que sean mutuamente beneficiosas y que contribuyan a la protección del medio ambiente global.

5.2.2 La Directiva de aves: Protección de especies migratorias y cooperación internacional.

La Directiva de aves (2009/147/CE), es el marco jurídico para la conservación de todas las especies de aves silvestres que se encuentran de forma natural en estado silvestre en el territorio europeo de los Estados miembros, es un ejemplo paradigmático de normativa ambiental de la UE que ha tenido un impacto extraterritorial significativo[126]. La Directiva de aves obliga a los Estados miembros a adoptar medidas de protección, gestión y control de aves silvestres, incluyendo la designación de Zonas de Especial Protección para las Aves (ZEPA), también se ha aplicado a actividades realizadas fuera del territorio de la UE, cuando estas actividades han podido afectar a la conservación de las especies de aves migratorias que se reproducen o invernan en la UE. Esta aplicación extraterritorial, que se fundamenta en la necesidad de una acción colectiva para la conservación de las especies migratorias y en el carácter transfronterizo de los ecosistemas, esta ha sido clave para la protección de las aves en Europa y ha influido en la legislación y las prácticas de terceros países en cuanto a la conservación de aves.

La aplicación extraterritorial de la Directiva de aves, también ha generado controversia, al plantear interrogantes sobre los límites del «Efecto Bruselas» y la soberanía de los Estados. Algunos países han argumentado que la UE se está extralimitando en su jurisdicción al aplicar su normativa ambiental a actividades realizadas fuera de su territorio, lo que puede afectar a la soberanía de los Estados y al principio de no injerencia en asuntos internos. El TJUE, en su jurisprudencia, ha abordado estas tensiones, buscando un equilibrio entre la protección del medio ambiente y el respeto a la soberanía de los Estados.

El caso del *Bacalao de Groenlandia* (1998) es un ejemplo de la aplicación extraterritorial de la Directiva de aves y de las tensiones que puede generar con el Derecho internacional. En este caso, el TJUE consideró que Dinamarca, como Estado miembro de la UE, estaba obligada a adoptar medidas para proteger a las aves migratorias que se reproducen en Groenlandia, un territorio autónomo de Dinamarca que no forma parte de la UE. El Tribunal argumentó que la protección de las aves migratorias es un objetivo de interés común para

---

126. Directiva 2009/147/CE del Parlamento Europeo y del Consejo de 30 de noviembre de 2009 relativa a la conservación de las aves silvestres. Diario Oficial de la Unión Europea. 2009 diciembre 30; L 20:7.

la UE y que, por lo tanto, Dinamarca estaba obligada a aplicar la Directiva de aves, incluso fuera del territorio comunitario. Esta sentencia, ha sido criticada por algunos autores por considerarla una injerencia en los asuntos internos de Dinamarca, pero ilustra la complejidad de la aplicación extraterritorial del Derecho Ambiental de la UE y la necesidad de una interpretación cuidadosa de las normas y la jurisprudencia que tengan en cuenta los principios del Derecho internacional.

5.2.3 La Directiva marco del agua: Gestión integrada de los recursos hídricos y el «Efecto Bruselas».

La Directiva marco del agua (2000/60/CE), que establece un marco para la protección de las aguas superficiales continentales, las aguas de transición, las aguas costeras y las aguas subterráneas, es otro ejemplo de normativa ambiental de la UE con alcance extraterritorial. La Directiva Marco del Agua tiene como objetivo alcanzar el buen estado ecológico de todas las masas de agua europeas y prevenir su deterioro, la misma se ha aplicado también a actividades realizadas fuera del territorio de la comunidad, cuando estas actividades han podido afectar a la calidad de las aguas transfronterizas o a los ecosistemas acuáticos compartidos.

La aplicación extraterritorial de la Directiva marco del agua, que se basa en la necesidad de una gestión integrada de las cuencas hidrográficas que comparten varios Estados y en el principio de no causar daños significativos a los recursos hídricos de otros países, ha generado un debate sobre las implicaciones del «Efecto Bruselas» para la soberanía de los Estados ribereños y para la cooperación internacional en materia de gestión de recursos hídricos. Algunos países han expresado su preocupación por la posible injerencia de la UE en sus asuntos internos, y han destacado la importancia de los acuerdos bilaterales y multilaterales como el marco jurídico apropiado para la gestión de las aguas transfronterizas. Snyder analiza cómo la UE ha utilizado sus relaciones exteriores para promover sus objetivos ambientales, incluyendo la gestión de los recursos hídricos compartidos.

El TJUE, en su jurisprudencia, ha abordado estas tensiones, buscando un equilibrio entre la protección del medio ambiente y el respeto a la soberanía de los Estados. El Tribunal ha reconocido la importancia de la cooperación internacional en la gestión de las aguas transfronterizas, y ha señalado que la aplicación extraterritorial de la Directiva marco del agua debe ser coherente con los principios del Derecho internacional, como el principio de utilización equitativa y razonable de los recursos hídricos compartidos. Selin y VanDeveer ofrecen un marco para comprender la gobernanza ambiental de la UE y su impacto en la gestión de los recursos hídricos transfronterizos.

5.2.4 El cambio climático y el «Efecto Bruselas»: La Unión Europea como actor clave en la gobernanza climática global.

El cambio climático, considerado como uno de los mayores desafíos ambientales a los que se enfrenta la humanidad, exige una acción colectiva, coordinada y urgente a nivel global. La UE, consciente de la urgencia y la gravedad del problema, ha asumido un papel de liderazgo en la lucha contra el cambio climático, promoviendo la adopción de medidas ambiciosas para la mitigación de las emisiones de gases de efecto invernadero, la adaptación a los impactos del cambio climático y la transición hacia una economía baja en carbono. El «Efecto Bruselas», en este contexto, se manifiesta en la influencia de la política climática de la UE en las políticas y las prácticas de terceros países, así como en la promoción de la cooperación internacional para afrontar este desafío global. La UE ha utilizado diferentes instrumentos para proyectar su influencia en la gobernanza climática global, desde la regulación interna hasta la diplomacia climática y la cooperación para el desarrollo. El análisis de Snyder sobre las relaciones exteriores de la UE es útil para comprender cómo la Unión ha utilizado su poder normativo y su diplomacia para promover sus objetivos en materia de cambio climático.

El Sistema de Comercio de Emisiones de la UE (EU ETS), establecido en 2005, es un ejemplo de normativa europea que ha tenido un impacto extraterritorial en la lucha contra el cambio climático. El EU ETS, que cubre las emisiones de CO_2 de grandes instalaciones industriales, centrales eléctricas y aerolíneas, ha servido como modelo para el diseño de sistemas similares en otros países y regiones, como China, Corea del Sur y California. La influencia del EU ETS en el desarrollo de mercados de carbono a nivel global es una muestra del «Efecto Bruselas» y de la capacidad de la UE para exportar sus modelos regulatorios en el ámbito ambiental. Selin y VanDeveer analizan el papel de la UE en la gobernanza ambiental global, incluyendo su liderazgo en la lucha contra el cambio climático.

La UE también ha promovido la inclusión de cláusulas ambientales en sus acuerdos comerciales con terceros países, obligando a sus socios comerciales a respetar ciertos compromisos en materia de cambio climático, como la ratificación e implementación del Acuerdo de París. Adicionalmente, la UE ha participado de manera activa en las negociaciones internacionales sobre el cambio climático, ejerciendo un papel de liderazgo en la búsqueda de un acuerdo global y ambicioso para la reducción de las emisiones de gases de efecto invernadero.

La influencia de la UE en la gobernanza climática global, sin embargo, no está exenta de críticas. Algunos países y organizaciones han acusado a la UE de imponer sus políticas climáticas a los países en desarrollo, sin tener en cuenta sus necesidades y sus capacidades. Otros han criticado la falta de ambición de la UE en sus propios compromisos climáticos y han señalado la necesidad de que la misma se esfuerce más para reducir sus propias emisiones. La UE, para mantener su liderazgo en la lucha contra el cambio climático y la promoción de una gobernanza climática global que sea eficaz y legítima, reforzando su compromiso con el multilateralismo, el diálogo con los terceros países, la transferencia de tecnología y recursos financieros a los países en desarrollo.

5.2.5 La gestión de residuos: El «Efecto Bruselas» y la armonización de los estándares ambientales.

La gestión de residuos, un ámbito esencial para la protección del medio ambiente y la salud pública, también se ha visto afectada por el «Efecto Bruselas». La UE, a través de directivas como la Directiva marco de Residuos (2008/98/ CE), ha establecido normas para la gestión de residuos que han influido en la legislación de terceros países y han contribuido a la armonización regulatoria a nivel internacional. La Directiva marco de Residuos, se fundamenta en una jerarquía de la gestión de residuos, priorizando la prevención, la reutilización, el reciclaje y la valorización energética frente a la eliminación, ha sido adoptada como modelo por muchos países fuera de la UE y ha servido de base para el desarrollo de normas internacionales en materia de gestión de residuos.

La UE también ha promovido la cooperación internacional en materia de gestión de residuos, a través de la participación en convenios internacionales, como el Convenio de Basilea sobre el control de los movimientos transfronterizos de los desechos peligrosos y su eliminación. La cooperación internacional es esencial para abordar los desafíos que plantea la gestión de residuos a nivel global, como el tráfico ilícito de residuos, la contaminación transfronteriza y la gestión de los residuos marinos. Snyder analiza las relaciones exteriores de la UE en materia ambiental, incluyendo la gestión de residuos y la cooperación internacional en este ámbito.

5.2.6 El «Efecto Bruselas» y la gobernanza ambiental global: Desafíos, oportunidades y el papel de la UE.

El «Efecto Bruselas», en el ámbito del Derecho ambiental, ha convertido a la UE en un actor protagónico en materia de gobernanza ambiental global. La influencia normativa de la UE, a través de la proyección extraterritorial de su Derecho Ambiental, puede contribuir a la armonización de los estándares ambientales a nivel internacional, la promoción de prácticas más sostenibles y la lucha contra el cambio climático y otros problemas ambientales globales. No obstante, el «Efecto Bruselas» también puede generar tensiones con la soberanía de los Estados y dificultar la cooperación internacional en materia ambiental. Selin y VanDeveer ofrecen un marco para analizar la gobernanza ambiental de la UE y su impacto en la política ambiental internacional, incluyendo los desafíos y las oportunidades que plantea el «Efecto Bruselas».

La UE, para promover una gobernanza ambiental global que sea legítima y eficaz, debe actuar con transparencia, respeto a la diversidad y en colaboración con otros Estados y organizaciones internacionales. La armonización regulatoria a nivel internacional, el diálogo con terceros países y la participación de todos los actores relevantes, incluyendo los países en desarrollo y la sociedad civil, son esenciales para la construcción de una gobernanza ambiental global que sea justa, equitativa y sostenible.

La UE debe utilizar su influencia normativa para promover un enfoque multilateral para la gobernanza ambiental global, basado en el Derecho internacional, la cooperación entre los Estados y la participación de todos los actores involucrados. La UE debe evitar la imposición unilateral de sus normas y debe buscar soluciones consensuadas que tengan en cuenta las diferentes perspectivas y los diferentes contextos. El análisis de Snyder sobre las relaciones exteriores de la UE es útil para comprender cómo la Unión puede utilizar su influencia para promover una gobernanza ambiental global más efectiva.

5.2.7 Conclusiones: Hacia un Derecho ambiental internacional más eficaz y legítimo en la era del Antropoceno.

El Derecho ambiental internacional se encuentra en un proceso de transformación, impulsado por la creciente conciencia sobre la importancia de la protección del medio ambiente, la necesidad de afrontar los desafíos ambientales globales, la creciente influencia de actores no estatales, como las organizaciones internacionales y las empresas multinacionales, en la gobernanza ambiental, y el surgimiento de nuevos conceptos como el Antropoceno, que reconoce el impacto profundo de la actividad humana en el planeta. El «Efecto Bruselas», en este caso, puede ser una fuerza positiva para la evolución del Derecho Ambiental internacional, al promover la adopción de estándares más ambiciosos, la cooperación internacional y la integración de la dimensión ambiental en otras áreas del Derecho internacional, como el comercio internacional y los Derechos humanos.

En este ámbito del Derecho ambiental internacional, el «Efecto Bruselas» involucra para la UE desafíos en la aplicación extraterritorial del Derecho, y puede generar tensiones con la soberanía de los Estados, dificultar la cooperación internacional y crear desigualdades entre los países. La UE, para asegurar que el «Efecto Bruselas» propenda al desarrollo de un Derecho Ambiental internacional más eficaz y legítimo, ha de considerar en toda acción el respeto al Derecho internacional, a la soberanía de los Estados y a la diversidad cultural, promoviendo el diálogo y la cooperación. El futuro del Derecho Ambiental internacional dependerá de la capacidad de los diferentes actores, incluyendo los Estados, las organizaciones internacionales y la sociedad civil, para trabajar conjuntamente en la búsqueda de soluciones a los desafíos ambientales globales y que permitan construir un futuro más sostenible en la era del Antropoceno.

5.3. DERECHOS FUNDAMENTALES.

La protección de los Derechos fundamentales, un pilar esencial del ordenamiento jurídico de la Unión Europea y un valor central del proyecto europeo, se ha convertido en un ámbito de relevancia para diagnosticar la influencia normativa de la UE a nivel global y el alcance del «Efecto Bruselas»[127]. La Carta de los Derechos fundamentales de la Unión Europea (CDFUE), proclamada en el año 2000 y jurídicamente vinculante desde la entrada en vigor del Tratado de Lisboa en 2009[128], consagra los derechos civiles, políticos, económicos y sociales de todos los ciudadanos de la UE, estableciendo un cerco de protección que, en muchos casos, trasciende las fronteras de la Unión. El «Efecto Bruselas», en el contexto de los Derechos fundamentales, se evidencia en la influencia que la CDFUE y la jurisprudencia del TJUE tienen en la protección de los Derechos humanos en terceros países, incluso en aquellos que no son miembros del bloque. Esta influencia, que se basa en el poder normativo de la UE, su liderazgo en materia de Derechos humanos y el creciente reconocimiento de la universalidad e indivisibilidad de los Derechos fundamentales, ha suscitado un debate sobre los límites de la aplicación extraterritorial de la CDFUE, su interacción con otros instrumentos internacionales de Derechos humanos y las implicaciones para la soberanía de los Estados.

5.3.1 La Carta de los Derechos fundamentales de la UE: Alcance, aplicación e interpretación.

La Carta de los Derechos fundamentales de la UE, al consagrar los derechos y libertades fundamentales de las personas, establece un marco jurídico de protección con un potencial alcance que va más allá de las fronteras de la UE. Sin embargo, la aplicación extraterritorial de la CDFUE no es automática, sino que depende de una serie de factores, como las circunstancias específicas de cada caso, la interpretación del TJUE y la existencia de una conexión suficiente entre la situación regulada y el Derecho de la UE.

---

127. *Vid.* Chalmers D, Davies G, Monti G., «European Union Law», Cambridge University Press, Cambridge, 2010.
128. *Vid.* Jimena Quesada L., «La consagración de los Derechos fundamentales: de principios generales a texto fundacional de la Unión Europea», en *Cuadernos Europeos de Deusto*, 2014; 50, pp. 173-197.

El artículo 51.1 de la CDFUE, que define el ámbito de aplicación de la Carta, establece que «las disposiciones de la presente Carta se dirigen a las instituciones, órganos y organismos de la Unión, dentro del respeto del principio de subsidiariedad, así como a los Estados miembros únicamente cuando apliquen el Derecho de la Unión»[129]. Esta disposición, que ha sido objeto de numerosas interpretaciones por parte del TJUE, delimita el ámbito de aplicación de la Carta y establece los criterios para determinar cuándo los Estados miembros están obligados a respetar los derechos y libertades consagrados en la CDFUE.

La jurisprudencia del TJUE ha ido marcando límites en cuanto al alcance extraterritorial de la CDFUE, considerando que la Carta se aplica a las acciones de los Estados miembros cuando están implementando el Derecho de la UE, e inclusive cuando estas acciones tienen lugar fuera del territorio de la Unión. El TJUE también ha reconocido que la CDFUE puede tener un efecto directo en las relaciones entre particulares, cuando estas relaciones están sujetas al Derecho de la UE. Esta jurisprudencia, que ha ido evolucionando a lo largo del tiempo, refleja la creciente importancia que el TJUE otorga a la protección de los Derechos fundamentales y su disposición a extender el alcance de la CDFUE a situaciones con una dimensión extraterritorial. Jimena Quesada[130] analiza la consagración de los Derechos fundamentales en el Derecho de la UE, ofreciendo un marco para comprender la aplicación e interpretación de la CDFUE por parte del TJUE.

5.3.2 La protección de datos personales: El RGPD y el «Efecto Bruselas» en la era digital.

La protección de datos personales, como un derecho fundamental reconocido por la CDFUE y por el Derecho internacional, se ha convertido en un ámbito central para observar la influencia del «Efecto Bruselas» y los desafíos que plantea la regulación de las nuevas tecnologías a nivel global. El Reglamento General de Protección de Datos (RGPD), que entró en vigor en 2018, establece un marco jurídico integral para la protección de datos en la UE, basado en principios como la minimización de datos, la limitación de la finalidad, la exactitud, la integridad, la confidencialidad y la responsabilidad proactiva en el tratamiento de datos.

El RGPD, a diferencia de otras normas de la UE, tiene un alcance extraterritorial explícito, que se aplica a cualquier empresa u organización, independientemente de su ubicación geográfica, que trate datos personales de residen-

---

129. Carta de los Derechos fundamentales de la Unión Europea (2016/C 202/02). Diario Oficial de la Unión Europea. 2016; C 202:389.

130. *Vid.* Jimena Quesada L., «La consagración de los Derechos fundamentales: de principios generales a texto fundacional de la Unión Europea», en *Cuad Eur Deusto*, 2014; 50, pp. 173-197.

tes en la UE. Taylor[131] analiza las obligaciones de la UE en materia de Derechos humanos en relación con las leyes de protección de datos con efecto extraterritorial, y destaca la importancia del RGPD para la protección de datos a nivel global.

Esta extraterritorialidad ha sido fundamental para la expansión del modelo europeo de protección de datos a nivel global, ha generado un profundo impacto en las prácticas empresariales y en la legislación de terceros países, incluso en aquellos que no tienen una relación jurídica directa con la comunidad. La aplicación extraterritorial del RGPD ha forzado a empresas de todo el mundo a adaptar sus políticas y sus procedimientos de tratamiento de datos a los estándares europeos. Las empresas que no cumplen con el RGPD se enfrentan a multas significativas, lo que ha incentivado su adaptación a la normativa europea, incluso en aquellos casos en los que no están legalmente obligadas a hacerlo.

El caso *Schrems* (2015), de nuevo, ilustra la aplicación extraterritorial del RGPD y de las tensiones que puede generar con el Derecho internacional y la soberanía de los Estados[132]. En este caso, el TJUE invalidó la Decisión 2000/520/CE de la Comisión, que declaraba que Estados Unidos aseguraba un nivel adecuado de protección de los datos personales transferidos desde la UE en el marco del acuerdo *Safe Harbor*. El Tribunal consideró que la legislación estadounidense, que permite la vigilancia masiva de datos por parte de las agencias de inteligencia, no garantizaba un nivel de protección de datos equiparable al existente en la UE, y que, por lo tanto, la transferencia de datos a Estados Unidos vulneraba los Derechos fundamentales de los ciudadanos europeos. Esta sentencia, que ha tenido un gran impacto en las relaciones transatlánticas en materia de protección de datos, ilustra la importancia que el TJUE otorga a la protección de los Derechos fundamentales y su disposición a limitar las transferencias internacionales de datos cuando considera que se vulneran estos derechos. La sentencia también pone de manifiesto los desafíos que plantea la aplicación extraterritorial del RGPD y la necesidad de una cooperación internacional más estrecha en materia de protección de datos.

Posteriormente, en el caso *Schrems II* (2020), el TJUE invalidó el «Privacy Shield», un nuevo acuerdo entre la UE y Estados Unidos que buscaba regular la transferencia de datos personales. El Tribunal, en su sentencia, reiteró su preocupación por la legislación estadounidense en materia de vigilancia y confirmó que las transferencias de datos a Estados Unidos debían realizarse con garantías adecuadas para la protección de los datos de los ciudadanos europeos. Esta sentencia, que ha tenido un impacto aún mayor que la sentencia *Schrems I*, ha obligado a las empresas a replantear sus estrategias de trans-

---

131.   *Vid.* Taylor M., «The EU's Human Rights Obligations in Relation to Its Data Protection Laws with Extraterritorial Effect», en *Int Data Priv Law*, 2015; 5(4), pp. 246-256.

132.   TJCE. Sentencia de 6 de octubre de 2015. Asunto C-362/14: Maximillian Schrems contra Data Protection Commissioner. Rec. 2015, p. I-08002.

ferencia de datos y ha reforzado la importancia del RGPD como un estándar global en materia de protección de datos.

5.3.3 El «Efecto Bruselas» y la libertad de expresión: Equilibrio y tensiones en el entorno digital.

La libertad de expresión, como derecho fundamental reconocido por la CDFUE y por el Derecho internacional, es otro ámbito donde se puede observar la influencia del «Efecto Bruselas» y los desafíos que plantea la era digital para la protección de los Derechos fundamentales. La UE, a través de su jurisprudencia, ha buscado proteger la libertad de expresión, incluso en el contexto de las nuevas tecnologías y la globalización de la información, asunto que se ha tratado con anticipación. Sin embargo, la libertad de expresión no es un derecho absoluto, sino que puede estar sujeto a limitaciones cuando entra en conflicto con otros Derechos fundamentales, como el derecho al honor, a la intimidad y a la propia imagen, o el derecho a la protección de datos.

El TJUE, en su jurisprudencia, ha tenido que equilibrar la libertad de expresión con otros Derechos fundamentales, buscando un equilibrio que garantice la protección de todos los derechos en juego. En el caso *Google Spain* (2014), el TJUE estableció que los motores de búsqueda, como Google, están obligados a eliminar de sus resultados de búsqueda los enlaces a informaciones que atenten contra el derecho al honor, a la intimidad y a la propia imagen de una persona, cuando esta información sea inadecuada, irrelevante o excesiva para los fines que persigue el buscador.

Esta sentencia, que ha tenido un gran impacto en la regulación de Internet y la protección de la reputación online, ilustra la influencia del «Efecto Bruselas» en el ámbito de la libertad de expresión y la protección de datos. El TJUE, al imponer obligaciones a los motores de búsqueda para proteger los Derechos fundamentales de los ciudadanos, está proyectando su normativa más allá de las fronteras de la UE y contribuyendo a la construcción de un Internet más respetuoso con los Derechos humanos. Taylor analiza las obligaciones de la UE en materia de Derechos humanos en relación con las leyes de protección de datos con efecto extraterritorial, y destaca la importancia de la jurisprudencia del TJUE para la protección de los Derechos fundamentales en la era digital.

El caso *Digital Rights Ireland* (2014) es otro ejemplo de la jurisprudencia del TJUE sobre la libertad de expresión y la protección de datos. En este caso, el TJUE invalidó la Directiva 2006/24/CE, que obligaba a los proveedores de servicios de comunicaciones electrónicas a conservar los datos de tráfico y localización de sus usuarios, al considerar que la Directiva vulneraba el derecho fundamental a la privacidad y la protección de datos. El Tribunal argumentó que la conservación indiscriminada de datos de tráfico y localización constituía una injerencia desproporcionada en la vida privada de los ciudadanos y que no estaba justificada por los objetivos de seguridad nacional y lucha contra el crimen que perseguía la Directiva. Esta sentencia, que ha tenido un gran impacto en la regulación de las comunicaciones electrónicas en la UE, ilustra la importancia que el TJUE otorga a la protección de los Derechos fundamentales en el entorno digital y su disposición a limitar el alcance de las normas de la UE cuando considera que vulneran estos derechos.

5.3.4 El «Efecto Bruselas» y la protección de los Derechos fundamentales: Desafíos y perspectivas.

El «Efecto Bruselas», en el ámbito de los Derechos fundamentales, presenta tanto oportunidades como desafíos para la UE. Entre las oportunidades, destaca la posibilidad de promover la protección de los Derechos humanos a nivel global, al influir en la legislación y las prácticas de terceros países en materia de Derechos fundamentales. La influencia de la UE, a través del «Efecto Bruselas», puede contribuir a la creación de un marco jurídico internacional más sólido para la protección de los Derechos humanos, en beneficio de las personas de todo el mundo.

Taylor[133] analiza las obligaciones de la UE en materia de Derechos humanos en relación con las leyes de protección de datos con efecto extraterritorial, y destaca la importancia del «Efecto Bruselas» para la promoción de los Derechos humanos a nivel global. La UE, al proyectar sus estándares en materia de protección de datos, libertad de expresión, no discriminación, debida diligencia en Derechos humanos y otros Derechos fundamentales, puede contribuir a la creación de un entorno digital más justo, inclusivo y respetuoso con la dignidad humana.

Sin embargo, el «Efecto Bruselas» también conlleva desafíos para la UE en el ámbito de los Derechos fundamentales. La aplicación extraterritorial de la Carta de los Derechos fundamentales y del Derecho de la UE puede generar tensiones con terceros países, que pueden considerar que la UE está interfiriendo en sus asuntos internos o imponiendo sus valores a nivel global, sin respetar la soberanía de los Estados ni la diversidad cultural y jurídica. La UE, para mitigar estas tensiones, debe actuar con prudencia, respetar la soberanía de los Estados y buscar la cooperación con los terceros países, promoviendo el diálogo y la armonización regulatoria. Jimena Quesada analiza la consagración de los Derechos fundamentales en el Derecho de la UE y su impacto en las relaciones exteriores de la Unión, destacando los desafíos que plantea la aplicación extraterritorial de la CDFUE y la necesidad de encontrar un equilibrio entre la promoción de los Derechos humanos y el respeto a la soberanía de los Estados.

---

133. *Vid.* Taylor M., «The EU's Human Rights Obligations in Relation to Its Data Protection Laws with Extraterritorial Effect», en *Int Data Priv Law*, 2015; 5(4), pp. 246-256.

Otro desafío que plantea el «Efecto Bruselas» en materia de Derechos fundamentales es el riesgo de una aplicación inconsistente del Derecho de la UE. La influencia de la normativa europea en terceros países puede ser limitada si las autoridades nacionales de estos países no aplican el Derecho de la UE de forma coherente con la jurisprudencia del TJUE. La UE, para garantizar una aplicación uniforme y previsible de su Derecho en materia de Derechos fundamentales, debe fortalecer la cooperación judicial internacional, promover el diálogo entre jueces y tribunales, y ofrecer asistencia técnica a los países que busquen implementar las normas europeas en materia de Derechos humanos.

5.3.5 El «Efecto Bruselas», los Derechos fundamentales y la gobernanza global en la era digital.

El «Efecto Bruselas», en el ámbito de los Derechos fundamentales, se enfrenta a nuevos desafíos en la era digital, marcada por la globalización de la información, el auge de las redes sociales, el desarrollo de nuevas tecnologías como la inteligencia artificial y el metaverso, y la creciente importancia de los datos personales en la economía y la sociedad. La protección de la privacidad, la libertad de expresión, la no discriminación y el acceso a la justicia en el entorno digital son aspectos cruciales que requieren una atención especial por parte de la UE. La era digital, al tiempo que ofrece nuevas oportunidades para el ejercicio y la protección de los Derechos fundamentales, también plantea nuevos retos para la regulación y la gobernanza, como la ciberseguridad, la desinformación, la manipulación algorítmica y la brecha digital.

La UE, para garantizar la protección de los Derechos fundamentales en la era digital, debe adaptar su normativa y su jurisprudencia a las nuevas realidades del entorno digital, promoviendo la cooperación internacional, el diálogo con terceros países y la innovación en la regulación de las tecnologías digitales. El «Efecto Bruselas», si se utiliza de forma responsable y con respeto al Derecho internacional, puede ser una herramienta poderosa para promover un entorno digital más justo, inclusivo y respetuoso con los Derechos humanos. La UE, al proyectar sus estándares en materia de protección de datos, libertad de expresión y otros Derechos fundamentales, puede contribuir a la creación de un Internet más seguro, transparente y democrático, y a la promoción de una gobernanza global de Internet que sea coherente con los valores y principios del Derecho de la UE.

Tabla 7. Comparación de la aplicación del «Efecto Bruselas» en diferentes ámbitos del Derecho de la UE

Ámbito del Derecho	Fundamento jurídico de la aplicación extraterritorial	Alcance territorial	Límites y Desafíos	Jurisprudencia relevante	Legislación clave
Competencia	Artículos 101 y 102 TFUE (prácticas colusorias y abuso de posición dominante); Reglamento 1/2003 (control de concentraciones). Principio del «efecto»: la conducta debe tener un impacto directo, sustancial y previsible en el mercado interior.	Se extiende a empresas con sede fuera de la UE cuyas conductas afectan al mercado interior.	Riesgo de conflictos con la legislación de competencia de terceros países; necesidad de cooperación internacional; riesgo de sobre-regulación y de afectar la competitividad de las empresas.	Wood Pulp (C-89/85), Gencor/Lonrho (T-102/96), GE/Honeywell (T-210/01)	Reglamento 1/2003
Medio ambiente	Competencias de la UE en materia ambiental (art. 191-193 TFUE). Principio de integración de la dimensión ambiental en otras políticas de la UE. Necesidad de cooperación internacional para abordar los desafíos ambientales globales.	Se aplica a actividades realizadas fuera de la UE que tienen un impacto en el medio ambiente dentro de la Unión o en recursos naturales compartidos.	Tensiones con la soberanía de los Estados; dificultad para la aplicación y el control del cumplimiento; necesidad de equilibrar la protección ambiental con el desarrollo económico y social de los terceros países.	Bacalao de Groenlandia (C-62/00 P), casos sobre el comercio de emisiones (ETS)	Directiva de Aves (2009/147/CE), Directiva Marco del Agua (2000/60/CE)
Derechos Fundamentales	Carta de los Derechos Fundamentales de la UE (CDFUE); RGPD. Principio de aplicación del Derecho de la UE por los Estados miembros; alcance extraterritorial del RGPD.	Se aplica a las acciones de los Estados miembros cuando implementan el Derecho de la UE, incluso fuera del territorio de la Unión. El RGPD tiene un alcance extraterritorial explícito, aplicándose a empresas que tratan datos de ciudadanos de la UE, independientemente de su ubicación.	Tensiones con el Derecho Internacional y la soberanía de los Estados en materia de protección de datos, vigilancia y seguridad nacional; riesgo de fragmentación del marco jurídico internacional sobre derechos humanos; necesidad de cooperación judicial internacional.	Schrems I (C-362/14), Schrems II (C-311/18), Digital Rights Ireland (C-293/12 y C-594/12)	Carta de los Derechos Fundamentales de la UE, RGPD

Fuente: Elaboración propia.

6.
EL FUTURO DEL «EFECTO BRUSELAS»: DESAFÍOS Y OPORTUNIDADES EN UN MUNDO EN TRANSFORMACIÓN.

6.1. LA GEOPOLÍTICA DEL «EFECTO BRUSELAS».

El «Efecto Bruselas», como manifestación del poder normativo de la Unión Europea y su capacidad para influir en la legislación y las prácticas de terceros países, se desarrolla en un contexto geopolítico complejo y en constante transformación. Lejos de operar en un vacío político, el «Efecto Bruselas» se ve afectado por la creciente competencia entre potencias, el auge de nuevos actores globales, los conflictos geopolíticos y la reconfiguración del orden internacional[134,135]. Comprender las dinámicas geopolíticas que influyen en el «Efecto Bruselas» es esencial para analizar su futuro y para diseñar estrategias que permitan a la UE mantener y reforzar su influencia normativa en el escenario global. El análisis de las interacciones entre el Derecho de la UE y la geopolítica mundial requiere un enfoque multidimensional, que tenga en cuenta tanto los factores políticos y económicos como los aspectos jurídicos e institucionales.

---

134. *Vid.* Bradford A., *The Brussels Effect: How the European Union Rules the World*, Oxford University Press, Oxford, 2020.
135. *Vid.* Guinea Ibáñez O., «La autonomía estratégica abierta: nuevas herramientas para un mundo geopolítico,» en *ICE*, no. 930, 2023, pp. 71-83.

6.1.1 El «Efecto Bruselas» en un mundo multipolar: Nuevos desafíos y oportunidades.

El orden internacional posterior a la Guerra Fría, caracterizado por la hegemonía de Estados Unidos y un periodo de relativa estabilidad y cooperación internacional, ha dado paso a un mundo cada vez más multipolar. El auge de nuevas potencias, como China, India y Brasil, y el resurgimiento de potencias tradicionales, como Rusia, han redistribuido el poder a nivel global y han generado un contexto internacional más complejo y fragmentado, donde las tensiones geopolíticas y la competencia entre diferentes modelos y sistemas son cada vez más evidentes. Este nuevo escenario geopolítico plantea importantes desafíos y oportunidades para la UE y para el futuro del «Efecto Bruselas».

En un mundo multipolar, la UE se enfrenta a la competencia de otras potencias que buscan promover sus propios modelos regulatorios y estándares, los cuales pueden representar una alternativa al modelo europeo. El auge de China, por ejemplo, como potencia económica y tecnológica, ha llevado a un aumento de la influencia normativa de este país en diferentes ámbitos, como el comercio, las inversiones, la tecnología y el medio ambiente. China ha promovido la creación de instituciones y organizaciones internacionales alternativas a las occidentales, y ha buscado establecer sus propios estándares y normas en áreas clave como la tecnología 5G o la inteligencia artificial.

Este auge de China, como alternativa al modelo occidental, puede limitar la expansión del «Efecto Bruselas» y generar un contexto internacional más fragmentado, donde la cooperación y la armonización regulatoria sean más difíciles de alcanzar. Bradford[136] analiza las condiciones para el éxito del «Efecto Bruselas», y señala que la existencia de un «vacío normativo» a nivel internacional ha sido un factor clave para la expansión de la influencia normativa de la UE. En un mundo cada vez más regulado, donde otras potencias compiten por establecer sus propios estándares, el «Efecto Bruselas» podría verse debilitado.

Empero, la UE también tiene la oportunidad de reforzar su influencia normativa en un mundo multipolar, a través de la cooperación con otros países y la promoción de un orden internacional basado en reglas. La UE puede liderar la creación de alianzas y coaliciones con países que compartan sus valores e intereses, para promover un enfoque multilateral para la gobernanza global y para defender un sistema internacional basado en el Derecho internacional, los Derechos humanos y el desarrollo sostenible. Snyder[137] analiza las relaciones exteriores de la UE y su papel en la promoción de un orden internacional

---

136. *Vid.* Bradford A., *The Brussels Effect: How the European Union Rules the World*, Oxford University Press, Oxford, 2020.

137. Vid. Snyder F., The External Relations of the European Union: Law, Policy, and the Pursuit of Legitimacy, Oxford University Press, Oxford, 2003.

basado en reglas, y destaca la importancia de la cooperación y el diálogo con terceros países.

6.1.2 La Competencia normativa y la búsqueda de liderazgo global.

La creciente competencia entre potencias, especialmente entre Estados Unidos y China, también es un factor determinante para el futuro del «Efecto Bruselas». La rivalidad entre estas dos potencias, que se manifiesta en diferentes ámbitos, desde el comercio y la tecnología hasta la geopolítica y la seguridad, puede generar un contexto internacional más fraccionado, donde la cooperación internacional se dificulta y donde los países se ven presionados a elegir entre diferentes modelos regulatorios.

En esta trama de intereses, la UE se enfrenta al desafío de mantener su influencia normativa y de promover sus valores y sus intereses en un mundo cada vez más polarizado. La UE puede optar por reforzar su autonomía estratégica, reduciendo su dependencia de otras potencias y promoviendo sus propios estándares y normas. Esta estrategia, conocida como «autonomía estratégica abierta», busca dotar a la UE de las herramientas necesarias para defender sus intereses en un mundo cada vez más competitivo, sin renunciar a la cooperación internacional[138, 139].

La UE, entre sus posibilidades tiene, el buscar alianzas estratégicas con países que compartan sus valores y sus intereses, para promover un orden internacional basado en reglas y en la cooperación multilateral. La alianza transatlántica con Estados Unidos, a pesar de las tensiones y diferencias que han surgido en los últimos años, sigue siendo fundamental para la UE. La cooperación con otros países democráticos, como Canadá, Japón, Australia o Corea del Sur, también es esencial para la UE, para promover sus intereses y sus valores en el escenario global.

6.1.3 Los conflictos geopolíticos y la influencia normativa de la UE.

Los conflictos geopolíticos, como la guerra en Ucrania, las tensiones en el Mar de China Meridional o la inestabilidad en el Sahel, son otro factor que puede afectar al futuro del «Efecto Bruselas». Estos conflictos, que generan incertidumbre, inestabilidad y riesgos para la seguridad internacional, pueden

---

138. *Vid.* Feás E., «La estrategia de política comercial de la UE y sus implicaciones para España» en *ARI Real Instituto Elcano*, n° 79, 2021.
139. *Vid.* Guinea Ibáñez O., «La autonomía estratégica abierta: nuevas herramientas para un mundo geopolítico» en *ICE*, no. 930, 2023, pp. 71-83.

dificultar la cooperación internacional, promover la adopción de medidas proteccionistas y afectar negativamente al comercio y las inversiones. La guerra en Ucrania, en particular, ha tenido un impacto significativo en la geopolítica mundial y ha generado nuevas tensiones entre la UE y otras potencias, como Rusia y China.

En este tejido de inestabilidad geopolítica, la capacidad de la UE para proyectar su influencia normativa puede verse afectada. Los conflictos geopolíticos pueden desviar la atención de la UE de la agenda normativa y dificultar la cooperación con terceros países en áreas como la protección del medio ambiente, la regulación de las nuevas tecnologías o la promoción de los Derechos humanos.

No obstante, los conflictos geopolíticos también pueden ofrecer oportunidades para la UE. La guerra en Ucrania, por ejemplo, ha reforzado la unidad y la determinación de la UE para defender sus valores y sus intereses, y ha llevado a la Unión a adoptar una postura más firme en la escena internacional. La UE ha demostrado su capacidad para actuar con decisión en la defensa de la democracia, los Derechos humanos y el Derecho internacional, y ha reforzado su cooperación con Estados Unidos y otros países aliados.

6.1.4 La política exterior de la Unión Europea: Un instrumento clave para el «Efecto Bruselas».

La política exterior de la UE, que se basa en los principios de la democracia, los Derechos humanos, el Estado de Derecho y el multilateralismo, es un instrumento clave para la proyección normativa de la Unión y para el futuro del «Efecto Bruselas». La UE, a través de su acción exterior, puede promover sus valores e intereses a nivel global, influyendo en la legislación y las prácticas de terceros países, contribuyendo a la creación de un orden internacional más justo y sostenible y reforzando su papel como actor global.

El «Efecto Bruselas», como manifestación del poder normativo de la UE, está estrechamente vinculado a la política exterior de la Unión. La capacidad de la UE para proyectar su influencia normativa depende, en gran medida, de la credibilidad y la eficacia de su acción exterior, de su capacidad para construir alianzas y consensos, y de su liderazgo en la gobernanza global.

El Servicio Europeo de Acción Exterior (SEAE), creado en 2011, es el principal instrumento de la UE para la ejecución de su política exterior. El SEAE, dirigido por el Alto Representante de la Unión para Asuntos Exteriores y Política de Seguridad, tiene como misión promover los intereses y los valores de la UE en el mundo, desarrollar y ejecutar la política exterior y de seguridad común (PESC) y coordinar la acción exterior de la Unión. La UE, a través del SEAE, ha desarrollado una amplia gama de instrumentos de política exterior, como la diplomacia, la cooperación para el desarrollo, la ayuda humanitaria, las sanciones económicas y la cooperación en materia de seguridad y defensa.

La UE también participa activamente en las organizaciones internacionales y en los foros multilaterales, como la ONU, la OMC y el G20, para promover sus intereses y sus valores a nivel global.

6.1.5 El futuro del «Efecto Bruselas»: Retos y oportunidades en un mundo en transformación.

El «Efecto Bruselas», como fenómeno que refleja la influencia normativa de la UE en el mundo, se enfrenta a nuevos desafíos y oportunidades en un contexto geopolítico en constante transformación. La creciente competencia entre potencias, el auge de nuevos actores globales, los conflictos geopolíticos, el avance de la digitalización y la reconfiguración del orden internacional son factores que pueden afectar a la proyección normativa de la UE y al futuro del «Efecto Bruselas».

La UE, para mantener y reforzar su influencia normativa en el escenario global, debe adaptarse a las nuevas realidades geopolíticas y desarrollar una estrategia que combine la autonomía estratégica con la cooperación internacional. La UE debe reforzar su política exterior, promoviendo la cooperación con países que compartan sus valores e intereses, y debe participar activamente en la gobernanza global, para defender un orden internacional basado en reglas y en la cooperación multilateral.

La UE también debe ser consciente de los límites del «Efecto Bruselas» y debe actuar con prudencia para evitar que su influencia normativa sea percibida como una imposición de normas y valores europeos. El diálogo con terceros países, la cooperación internacional y la búsqueda de soluciones consensuadas son esenciales para garantizar que el «Efecto Bruselas» contribuya a la construcción de un orden internacional más justo, equitativo y sostenible.

6.2. EL «EFECTO BRUSELAS» Y LA GOBERNANZA GLOBAL.

El «Efecto Bruselas», como manifestación del poder normativo de la Unión Europea y su capacidad para influir en la legislación y las prácticas de terceros países, se ha convertido en un factor cada vez más relevante en la configuración de la gobernanza global, entendida como el conjunto de normas, instituciones y procesos que regulan las relaciones internacionales y que buscan abordar los desafíos que se enfrentan la humanidad a nivel global[140]. La UE, consciente de su papel como actor global y de la importancia de la cooperación internacional para hacer frente a los desafíos transnacionales, ha buscado activamente promover sus valores e intereses en la gobernanza global, utilizando

---

140. *Vid.* Bradford A., *The Brussels Effect: How the European Union Rules the World*, Oxford University Press, Oxford, 2020.

diferentes mecanismos, como la proyección extraterritorial de su Derecho, su participación en organizaciones internacionales, la negociación de acuerdos internacionales y la promoción del diálogo y la cooperación con otros actores. Sin embargo, la influencia de la UE en la gobernanza global no está exenta de desafíos, y el futuro del «Efecto Bruselas» dependerá de la capacidad de la Unión para equilibrar la promoción de sus valores e intereses con la necesidad de construir un orden internacional que sea justo, equitativo y sostenible, basado en el respeto al Derecho internacional y a la soberanía de los Estados, así como la protección de los Derechos fundamentales de todas las personas.

6.2.1 La UE y la configuración de la gobernanza global: Instrumentos y estrategias para la proyección normativa.

La Unión Europea, como actor global con un firme compromiso con el multilateralismo y la cooperación internacional, ha desarrollado una variedad de instrumentos y estrategias para influir en la configuración de la gobernanza global y para promover un orden internacional basado en reglas y en la cooperación entre Estados[141]. Estos instrumentos y estrategias, se basan en el poder normativo de la UE, su capacidad de negociación y en su influencia en los foros internacionales, han sido fundamentales para la expansión del «Efecto Bruselas» y para la proyección de su normativa en diferentes ámbitos de la gobernanza global.

Entre los mecanismos y estrategias que la UE utiliza para promover su visión de la gobernanza global, se pueden destacar:

— **Participación activa en organizaciones internacionales:** La UE participa activamente en las principales organizaciones internacionales, como la ONU, la OMC, la OCDE, el Consejo de Europa o la OIT, buscando promover sus valores e intereses e influir en la elaboración de normas y estándares internacionales[142]. Esta participación activa, que se manifiesta en la presencia de representantes de la UE en los diferentes órganos de estas organizaciones, en su contribución a los debates y en su capacidad para construir alianzas con otros actores, es esencial para la proyección de su poder normativo y para la promoción de un orden internacional basado en reglas y en el multilateralismo. Snyder analiza cómo la UE utiliza su influencia en las organizaciones internacionales para promover sus objetivos de política exterior, incluyendo la protec-

---

141. Vid. Snyder F., The External Relations of the European Union: Law, Policy, and the Pursuit of Legitimacy, Oxford University Press, Oxford, 2003.

142. Vid. Wessel R.A., *The European Union and the WTO: Legal and Constitutional Issues*, Oxford University Press, Oxford, 2011.

ción del medio ambiente, los Derechos humanos y el desarrollo sostenible. Wessel [143], por su parte, analiza la relación de la UE con la OMC, destacando el papel de la UE en la configuración del sistema multilateral de comercio y su influencia en la elaboración de normas comerciales a nivel global. La UE también ha buscado influir en la gobernanza global a través de su participación en foros multilaterales como el G7, el G20 y el Foro de las Naciones Unidas sobre la Gobernanza de Internet (IGF), para promover sus valores e intereses y para defender un orden internacional que sea inclusivo, participativo y basado en el Estado de Derecho.

— **Negociación de acuerdos internacionales:** La UE ha negociado numerosos acuerdos internacionales con terceros países y organizaciones internacionales, en diferentes ámbitos, como el comercio, la cooperación para el desarrollo, la protección del medio ambiente, los Derechos humanos o la seguridad. Estos acuerdos, que establecen compromisos jurídicamente vinculantes, son un instrumento fundamental para la proyección normativa de la UE a nivel global y para la promoción de estándares comunes en diferentes áreas de la gobernanza global. La UE, a través de sus acuerdos comerciales, ha promovido la inclusión de cláusulas ambientales, laborales y de Derechos humanos, buscando garantizar que sus socios comerciales respeten ciertos estándares mínimos en estas áreas. La UE también ha negociado acuerdos en materia de protección de datos, como el acuerdo con Japón o el marco de privacidad de datos con Estados Unidos, que buscan garantizar la libre circulación de datos y al mismo tiempo la protección de los derechos de los ciudadanos. La negociación de estos acuerdos internacionales implica un proceso complejo, que requiere la cooperación con otros actores internacionales, el diálogo con terceros países y la búsqueda de soluciones que sean mutuamente beneficiosas.

— **Promoción de estándares a través del comercio:** La UE utiliza su política comercial como un instrumento para promover sus estándares en materia ambiental, social y de gobernanza a nivel global. A través de la inclusión de cláusulas ambientales, sociales y de gobernanza en sus acuerdos comerciales, la UE busca incentivar a sus socios comerciales a adoptar prácticas empresariales más responsables y sostenibles, así como a respetar ciertos estándares mínimos en estas áreas. El sistema de preferencias arancelarias generalizadas (SPG), que otorga a los países en desarrollo un acceso preferencial al mercado de la UE, también utiliza criterios ambientales y de Derechos humanos como una condición para beneficiarse de estas preferencias. Esta utilización de la política comercial para promover estándares ambientales y sociales a nivel glo-

---

143. *Vid.* Jimena Quesada L., «La consagración de los Derechos fundamentales: de principios generales a texto fundacional de la Unión Europea», en *Cuadernos Europeos de Deusto*, 2014; 50, pp. 173-197.

bal es una manifestación del «Efecto Bruselas» y de la influencia normativa de la UE en el comercio internacional.

— **Apoyo a la sociedad civil y a organizaciones no gubernamentales (ONG):** La UE reconoce el papel fundamental de la sociedad civil y de las ONG en la gobernanza global y apoya a estas organizaciones, tanto a nivel nacional como internacional, a través de programas de financiación y de cooperación técnica. La UE considera que la participación de la sociedad civil en la toma de decisiones y en la implementación de políticas es esencial para garantizar la legitimidad, la transparencia y la eficacia de la gobernanza global. La UE también apoya a las organizaciones de la sociedad civil que trabajan en la promoción de los Derechos humanos, la protección del medio ambiente y la lucha contra la corrupción, reconociendo su papel como actores clave en la construcción de un orden internacional más justo y equitativo.

— **Liderazgo en la regulación de nuevas tecnologías:** La UE, consciente del impacto de las nuevas tecnologías en la sociedad y la economía, ha buscado liderar la regulación de estas áreas a nivel internacional. La UE ha promovido la adopción de principios éticos para el desarrollo de la IA, la creación de mecanismos de control de las plataformas digitales, la protección de los datos personales y la lucha contra la desinformación. La UE, a través de su poder normativo y de su capacidad para establecer estándares que son adoptados por otros países, busca influir en la gobernanza global de la tecnología, garantizando que las nuevas tecnologías se desarrollen y se utilicen de forma responsable y en beneficio de toda la humanidad. El RGPD, el Reglamento de IA y la Ley de Servicios Digitales son ejemplos de la creciente influencia de la UE en la gobernanza digital a nivel global.

6.2.2 El «Efecto Bruselas» y la gobernanza global en áreas clave.

El «Efecto Bruselas», como mecanismo de influencia normativa de la UE, se ha manifestado en diferentes ámbitos de la gobernanza global, influyendo en las políticas y las prácticas de terceros países y contribuyendo a la creación de un marco jurídico internacional en áreas clave como el cambio climático, la protección del medio ambiente, los Derechos humanos y la regulación de las nuevas tecnologías.

En el ámbito del cambio climático, la UE, a través de su liderazgo en la adopción de objetivos ambiciosos para la reducción de emisiones de gases de efecto invernadero, su participación activa en las negociaciones internacionales sobre el cambio climático y su promoción de la transición hacia una economía baja en carbono, ha influido en la agenda climática global y ha incentivado a otros países a tomar medidas más ambiciosas para afrontar este desafío global.

Selin y VanDeveer analizan cómo la UE ha utilizado su influencia en la gobernanza ambiental para promover la acción climática a nivel internacional[144].

En materia de protección del medio ambiente, la UE ha promovido la adopción de estándares ambientales más exigentes a nivel global, a través de la inclusión de cláusulas ambientales en sus acuerdos comerciales, la participación en convenios internacionales y la cooperación con terceros países en materia de gestión de residuos, protección de la biodiversidad y lucha contra la deforestación. La Directiva Marco del Agua y la Directiva de Aves, analizadas en secciones anteriores, son ejemplos de cómo la normativa de la UE ha influido en la legislación de terceros países en materia de protección del medio ambiente.

En el ámbito de los Derechos humanos, la UE ha buscado proyectar su influencia normativa a través de la condicionalidad de la ayuda al desarrollo, la imposición de sanciones a países que violan los Derechos humanos y el apoyo a la sociedad civil y a los defensores de los Derechos humanos en todo el mundo. La Carta de los Derechos fundamentales de la UE, analizada por Jimena Quesada[145], ha servido como referencia para la elaboración de normas sobre Derechos humanos en otros países, y el RGPD, analizado por Taylor[146], se ha convertido en un estándar global de protección de datos, impulsando a muchos países a adaptar su legislación en materia de protección de datos a las exigencias del Derecho de la UE.

En la era digital, la UE ha buscado liderar la regulación de las nuevas tecnologías, como la IA y las plataformas digitales, con el objetivo de garantizar un entorno digital que sea seguro, transparente, competitivo y respetuoso con los Derechos fundamentales. La UE, a través del Reglamento Europeo de IA, la Ley de Servicios Digitales y otras iniciativas en materia de gobernanza digital, ha buscado influir en la regulación de las nuevas tecnologías a nivel global y promover estándares que garanticen el desarrollo y la utilización responsable de la tecnología.

6.2.3 El «Efecto Bruselas»: Un instrumento para la promoción de valores y estándares a nivel global.

En definitiva, el «Efecto Bruselas», como instrumento de influencia normativa de la UE, ha tenido un impacto significativo en la configuración de la gobernanza global, tanto en los ámbitos tradicionales de la cooperación internacional, como el comercio o el desarrollo, como en los nuevos ámbitos de la

---

144. *Vid.* Taylor M., «The EU's Human Rights Obligations in Relation to Its Data Protection Laws with Extraterritorial Effect», en *Int Data Priv Law*, 2015; 5(4), pp. 246-256.

145. Organización de las Naciones Unidas. Carta de las Naciones Unidas. San Francisco: Organización de las Naciones Unidas; 1945.

146. Organización Mundial del Comercio. Acuerdo de Marrakech por el que se establece la Organización Mundial del Comercio. Marrakech: Organización Mundial del Comercio; 1994.

era digital o en la lucha contra el cambio climático. La UE, a través del «Efecto Bruselas», ha buscado promover un orden internacional basado en reglas, en el respeto a los Derechos humanos y en la protección del medio ambiente. La influencia de la UE, sin embargo, no está exenta de limitaciones, y la capacidad de la Unión para proyectar su normativa a nivel global depende de su liderazgo, su credibilidad y su capacidad para construir alianzas y consensos.

El futuro del «Efecto Bruselas» dependerá de la capacidad de la UE para adaptarse a un contexto internacional en constante transformación, para equilibrar la promoción de sus valores e intereses con el respeto a la soberanía de los Estados y al Derecho internacional Público y para construir un modelo de gobernanza global que sea justo, equitativo y sostenible para todos.

6.3. EL «EFECTO BRUSELAS» Y LA INNOVACIÓN.

La innovación, entendida como la creación y la aplicación de nuevas ideas, productos, procesos o modelos de negocio, es un motor fundamental para el crecimiento económico, el desarrollo social y la mejora del bienestar a nivel global. En un mundo cada vez más interconectado e interdependiente, la innovación se ha convertido en un factor clave para la competitividad de las empresas, las regiones y los países. El «Efecto Bruselas», como manifestación de la influencia normativa de la Unión Europea a nivel global, puede tener un impacto significativo en la innovación, tanto dentro como fuera de las fronteras de la UE.

La normativa europea establece estándares y requisitos en diferentes ámbitos, desde la protección de datos hasta el medio ambiente, la seguridad de los productos, la regulación de los mercados digitales y la sostenibilidad corporativa, puede influir en las decisiones de inversión de las empresas, en la adopción de nuevas tecnologías y en el desarrollo de nuevos productos y servicios.

El «Efecto Bruselas» puede, en este sentido, actuar como un catalizador para la innovación, al impulsar la armonización regulatoria, la creación de un mercado único digital, la promoción de la sostenibilidad y la difusión de las mejores prácticas. Se debe tener en cuenta también, que puede generar barreras a la entrada para las empresas, aumentar los costes de cumplimiento, reducir la competencia y distorsionar el mercado, lo que puede tener un impacto negativo en la innovación. Comprender la compleja relación entre el «Efecto Bruselas» y la innovación es esencial para que la UE pueda diseñar políticas que promuevan la innovación a nivel global, al tiempo que garantizan la protección de los intereses públicos y el respeto al Derecho internacional.

6.3.1 La normativa europea como motor de innovación global: Armonización, «puertas giratorias» e inversión.

La normativa europea, al establecer estándares y requisitos en diferentes ámbitos, puede influir en la innovación a nivel global a través de diferentes mecanismos. Estos mecanismos, que operan a través del «Efecto Bruselas», pueden generar incentivos para la innovación, al reducir la incertidumbre, promover la competencia y facilitar el acceso a nuevos mercados. Entre los principales mecanismos a través de los cuales la normativa europea puede impulsar la innovación global, destacan los siguientes:

— **Armonización regulatoria:** La normativa europea, al armonizar las reglas del juego en diferentes sectores, puede reducir la incertidumbre regulatoria para las empresas, facilitar el comercio internacional y promover la adopción de nuevas tecnologías. Las empresas, al tener que cumplir con un único conjunto de normas para acceder al mercado de la UE, pueden reducir sus costes de cumplimiento normativo y centrarse en la innovación de productos y procesos. Bradford[1] argumenta que la armonización regulatoria impulsada por el «Efecto Bruselas» ha sido un factor clave para el éxito de la UE en la promoción de la innovación en sectores como la protección de datos o el medio ambiente. La armonización también puede estimular la competencia entre las empresas, al garantizar que todas compiten en igualdad de condiciones.

— **Efecto «puertas giratorias»:** La normativa europea, al establecer estándares exigentes en áreas como la protección del medio ambiente o la seguridad de los productos, puede impulsar a las empresas a innovar para cumplir con estos estándares. Las empresas que desarrollan productos o servicios que cumplen con la normativa europea pueden obtener una ventaja competitiva en el mercado global, ya que sus productos serán percibidos como más seguros, sostenibles o de mayor calidad. Este «efecto puertas giratorias», como lo denomina Kaczorowska[2], puede estimular la innovación al obligar a las empresas a mejorar sus productos y procesos para cumplir con los estándares europeos, lo que puede generar beneficios tanto para las empresas como para los consumidores.

— **Atracción de inversiones:** La normativa europea, al crear un entorno jurídico previsible y estable, puede atraer inversiones en investigación y desarrollo (I+D) y en nuevas tecnologías. Las empresas, al tener la certeza de que sus inversiones estarán protegidas por un marco jurídico sólido y que podrán comercializar sus productos y servicios en el mercado único europeo, pueden estar más dispuestas a invertir en innovación en la UE. Reich[3] analiza la aplicación extraterritorial del Derecho de la UE en materia de control de concentraciones y destaca su impacto en las decisiones de inversión de las empresas multinacionales.

6.3.2 El «Efecto Bruselas» como catalizador de la innovación: Reducción de la fragmentación, economías de escala y difusión de mejores prácticas.

El «Efecto Bruselas», al influir en la legislación y las prácticas de terceros países, puede actuar como un catalizador para la innovación a nivel global. La adopción de normas y estándares europeos por parte de terceros países, ya sea de forma voluntaria o como resultado de la presión regulatoria de la UE, puede generar una serie de efectos positivos para la innovación, creando un círculo virtuoso que beneficia tanto a las empresas como a los consumidores. Entre los principales efectos positivos del «Efecto Bruselas» para la innovación, se encuentran:

— **Reducción de la fragmentación del mercado:** La armonización regulatoria, impulsada por el «Efecto Bruselas», puede reducir la fragmentación del mercado y facilitar el comercio internacional de productos y servicios innovadores. Las empresas, al tener que cumplir con un único conjunto de normas para acceder a diferentes mercados, pueden reducir sus costes de desarrollo y comercialización y centrarse en la innovación, lo que puede acelerar la difusión de nuevas tecnologías y productos.
— **Creación de economías de escala:** La adopción de estándares europeos por parte de terceros países puede generar economías de escala para las empresas, al permitirles producir y comercializar sus productos y servicios innovadores a un mayor número de consumidores. Las economías de escala, a su vez, pueden reducir los costes de producción y aumentar la rentabilidad de las inversiones en I+D, lo que puede incentivar la innovación y el desarrollo de nuevas tecnologías.
— **Difusión de las mejores prácticas:** El «Efecto Bruselas» puede contribuir a la difusión de las mejores prácticas en materia de innovación, al promover la adopción de estándares europeos que reflejan las últimas tecnologías y los avances científicos. Las empresas, al adaptarse a las normas europeas, pueden mejorar sus procesos productivos, aumentar la calidad de sus productos y servicios, y desarrollar nuevas soluciones innovadoras, lo que beneficia a los consumidores y al medio ambiente.

6.3.3 El «Efecto Bruselas» y los costes de cumplimiento: Equilibrando la regulación y la innovación.

Si bien el «Efecto Bruselas» puede actuar como un catalizador para la innovación, también puede acarrear costes de cumplimiento para las empresas, lo que puede tener un impacto negativo en la innovación, especialmente para las pymes que tienen menos recursos que las grandes empresas. La adaptación a las normas y estándares europeos puede requerir inversiones en tecnología, procesos, formación y asesoramiento jurídico, lo que puede aumentar los costes de producción, reducir la rentabilidad de las inversiones en I+D y desincentivar la innovación, especialmente en las primeras etapas del desarrollo de nuevas tecnologías, cuando las empresas son más vulnerables a los costes y las incertidumbres.

La UE, para atenuar el impacto negativo de los costes de cumplimiento en la innovación, ha de buscar un equilibrio entre la regulación y la promoción de la innovación. La simplificación de la normativa, la reducción de la burocracia, la creación de incentivos para la innovación y la flexibilidad en la aplicación de las normas son medidas que pueden contribuir a reducir los costes de cumplimiento y a fomentar la innovación, sin comprometer la protección de los intereses públicos. Es importante tener en cuenta que los costes de cumplimiento no solo afectan a las empresas europeas, sino también a las empresas de terceros países que quieren acceder al mercado de la UE. Una normativa europea excesivamente compleja o costosa puede generar barreras a la entrada para las empresas extracomunitarias, lo que puede reducir la competencia y la innovación en el mercado interior.

También debe realizar evaluaciones de impacto rigurosas antes de adoptar nuevas normas, para analizar sus posibles efectos en la innovación y para identificar las medidas necesarias para mitigar los costes de cumplimiento para las empresas. La consulta con las partes interesadas, incluyendo las empresas, las organizaciones de consumidores y los expertos en innovación, es esencial para garantizar que la normativa europea promueva la innovación y no la asfixie.

6.3.4 Barreras a la entrada y el dilema de la innovación para las pymes.

La normativa europea, al establecer estándares y requisitos en diferentes ámbitos, puede generar barreras a la entrada para las empresas, especialmente para las pymes que tienen menos recursos que las grandes empresas. Las pymes, al tener que cumplir con las exigencias de la normativa europea para poder acceder al mercado de la UE, pueden enfrentarse a costes de cumplimiento significativos, que dificulten su entrada en el mercado o que reduzcan su competitividad frente a las grandes empresas, que tienen mayor capacidad para absorber estos costes.

El «Efecto Bruselas», en este caso, puede tener un impacto negativo en la innovación, al limitar la competencia y la participación de las pymes en el mercado. Bradford[1] argumenta que el «Efecto Bruselas» puede generar «ganadores» y «perdedores» en el mercado global, y que las pymes, al tener menos recursos para adaptarse a las normas europeas, pueden verse perjudicadas por el «Efecto Bruselas». Kaczorowska[2] analiza el impacto de la aplicación extraterritorial del Derecho de la UE en las empresas y señala que las pymes, al tener menos recursos y una menor capacidad de adaptación, pueden verse desproporcionadamente afectadas por las normas europeas con alcance extraterritorial.

La UE, para aminorar las barreras a la entrada que genera su normativa, debe considerar la situación específica de las pymes y adoptar medidas para facilitar su cumplimiento normativo y promover su participación en el mercado. La simplificación de la normativa, la flexibilidad en la aplicación de las normas, la creación de incentivos para las pymes y el apoyo a la internacionalización de las pymes europeas son algunas de las medidas que la UE puede implementar para reducir las barreras a la entrada y promover la innovación. Además, la UE debe fomentar la cooperación entre las pymes europeas y las de terceros países, para facilitar el intercambio de conocimientos, tecnologías y mejores prácticas en materia de innovación.

6.3.5 El «Efecto Bruselas» y la competencia: ¿Un mercado global más competitivo o una ventaja para las empresas europeas?

Al influir en la regulación de los mercados a nivel global, El «Efecto Bruselas» puede tener un impacto significativo en la competencia. La adopción de estándares europeos por parte de terceros países puede generar un mercado global más competitivo, al reducir las barreras al comercio y la inversión y al promover la interoperabilidad de los productos y servicios. Sin embargo, también puede forjar ventajas competitivas para las empresas europeas, que ya están adaptadas a las normas de la UE y que, por lo tanto, pueden acceder a otros mercados con mayor facilidad.

Reich[3] analiza la aplicación extraterritorial del Derecho de la competencia de la UE y su impacto en las empresas, y argumenta que el «Efecto Bruselas» puede generar ventajas competitivas para las empresas europeas. Las empresas europeas, al estar familiarizadas con las normas de la UE y al haber invertido en la adaptación a estas normas, pueden tener una ventaja sobre sus competidores de otros países, que pueden tener que realizar inversiones adicionales para cumplir con la normativa europea. Esta ventaja competitiva puede ser especialmente significativa en sectores con altos costes de cumplimiento normativo, como la protección de datos, el medio ambiente o la seguridad de los productos.

Para evitar que el «Efecto Bruselas» genere distorsiones en la competencia, ha de considerar la promoción de una competencia justa y transparente en el mercado global. La UE ha de evitar la adopción de normas que favorezcan indebidamente a las empresas europeas, y debe garantizar que las empresas de terceros países tengan las mismas oportunidades de acceso al mercado de la UE. La cooperación internacional en materia de competencia y la promoción de un campo de juego nivelado a nivel global son esenciales para evitar que el «Efecto Bruselas» se convierta en una herramienta de proteccionismo.

6.3.6 El equilibrio entre la regulación y la innovación: Un desafío clave para la UE.

En su rol de potencia normativa con influencia global, la UE se enfrenta al desafío de encontrar un equilibrio entre la regulación y la innovación. La normativa europea, si bien puede contribuir a la protección de los consumidores, el medio ambiente y otros intereses públicos, también puede generar costes de cumplimiento para las empresas, barreras a la entrada en el mercado y distorsiones en la competencia, lo que puede tener un impacto negativo en la innovación.

Para fomentar la innovación en la economía global, la UE debe buscar un equilibrio entre la regulación y la promoción de la innovación. La simplificación de la normativa, la reducción de la burocracia, la creación de incentivos para la innovación y la flexibilidad en la aplicación de las normas son medidas que pueden contribuir a reducir los costes de cumplimiento, a eliminar las barreras a la entrada y a fomentar la innovación. También ha de promover la cooperación internacional en materia de innovación y participar activamente en los foros multilaterales que abordan la regulación de las nuevas tecnologías, como la OCDE y la OMPI.

Es fundamental que, al desarrollar su normativa, la UE tenga en cuenta las implicaciones para la innovación y busque un enfoque que promueva la innovación sin comprometer la protección de los intereses públicos. La consulta con las partes interesadas, incluyendo las empresas, las organizaciones de consumidores y los expertos en innovación, es esencial para garantizar que la normativa europea promueva la innovación y no la asfixie.

6.3.7 Conclusiones: El «Efecto Bruselas», la innovación y la competitividad global.

El «Efecto Bruselas», debido a su influencia en la legislación y las prácticas de terceros países, puede tener un impacto significativo en la innovación a nivel global. La normativa europea, al establecer estándares y requisitos en diferentes ámbitos, puede fomentar o dificultar la innovación, dependiendo de cómo se diseñe y se aplique. La UE, para maximizar el impacto positivo del «Efecto Bruselas» en la innovación, debe buscar un equilibrio entre la regulación y la promoción de la innovación. La armonización regulatoria a nivel internacional, la cooperación con terceros países, la simplificación de la normativa, la reducción de la burocracia, la creación de incentivos para la innovación y la flexibilidad en la aplicación de las normas son medidas que pueden contribuir a fomentar la innovación en la economía global.

La UE debe ser consciente de los posibles efectos negativos del «Efecto Bruselas» en la innovación, como los costes de cumplimiento para las empresas, las barreras a la entrada en el mercado y las distorsiones en la competencia.

Ha de adoptar medidas para disminuir estos efectos negativos y debe garantizar que el «Efecto Bruselas» contribuya a la creación de un mercado global más competitivo e innovador, que beneficie a los consumidores y promueva el desarrollo sostenible. La cooperación internacional, el diálogo con terceros países y la participación activa de la UE en los foros multilaterales son esenciales para garantizar que el «Efecto Bruselas» sea una fuerza positiva para la innovación y el crecimiento económico a nivel global.

6.4. HACIA UN «EFECTO BRUSELAS» RESPONSABLE: PROPUESTAS PARA UN FUTURO SOSTENIBLE.

Como mecanismo de proyección extraterritorial del Derecho de la Unión Europea, ha demostrado ser una herramienta poderosa para la promoción de estándares y valores europeos en diferentes ámbitos, desde la protección del medio ambiente hasta la regulación de las nuevas tecnologías y la defensa de los Derechos humanos[147]. No obstante, la aplicación extraterritorial del Derecho de la UE también plantea importantes desafíos para la soberanía de los Estados, la coherencia del Derecho internacional Público y la legitimidad de la gobernanza global.

El futuro del «Efecto Bruselas» dependerá de la capacidad de la UE para responder a estos desafíos y para construir un modelo de influencia normativa que sea responsable, transparente, participativo y respetuoso con el Derecho internacional. En este sentido, es necesario analizar las limitaciones del «Efecto Bruselas» y proponer medidas para mejorar su eficacia y su legitimidad, garantizando que contribuya a la construcción de un orden internacional más justo, equitativo y sostenible.

6.4.1 Propuestas para un «Efecto Bruselas» más transparente y participativo.

La transparencia y la participación son pilares fundamentales para la legitimidad de cualquier sistema de gobernanza, y el «Efecto Bruselas» no es una excepción. Para garantizar que la aplicación extraterritorial del Derecho de la UE sea transparente, predecible y responda a las necesidades y expectativas de todos los actores relevantes, es necesario adoptar una serie de medidas que involucren a los Estados, la sociedad civil y al sector privado. La participación activa de todos los actores involucrados en el proceso de creación de normas y en la evaluación de sus impactos es esencial para garantizar la legitimidad del «Efecto Bruselas» y para construir un modelo de influencia normativa que

---

147. *Vid.* Bradford A., *The Brussels Effect: How the European Union Rules the World*, Oxford University Press, Oxford, 2020.

sea respetuoso con la diversidad de los ordenamientos jurídicos y de las necesidades de los diferentes países.

Entre las principales propuestas para un «Efecto Bruselas» más transparente y participativo, se destacan:

— **Transparencia en la elaboración de normas:** La UE debe garantizar la transparencia en el proceso de elaboración de las normas con alcance extraterritorial, permitiendo que todos los actores relevantes, incluyendo a los Estados terceros, las organizaciones internacionales, la sociedad civil y las empresas, puedan participar en los debates y ofrecer sus opiniones sobre las propuestas normativas. La publicación de documentos de trabajo, la organización de consultas públicas y la realización de evaluaciones de impacto que tengan en cuenta las implicaciones extraterritoriales de las normas propuestas son medidas esenciales para promover la transparencia y la rendición de cuentas en la elaboración de la normativa de la UE.

— **Diálogo con terceros países:** La UE debe provocar un diálogo más estrecho y continuo con los terceros países, especialmente con aquellos que se ven afectados por la aplicación extraterritorial del Derecho de la UE. Este diálogo debe basarse en el respeto mutuo, la transparencia y la voluntad de encontrar soluciones consensuadas que tengan en cuenta las particularidades de cada país y de sus ordenamientos jurídicos. El diálogo con terceros países debe permitir identificar los posibles efectos negativos de la aplicación extraterritorial del Derecho de la UE y buscar formas de mitigar estos efectos, así como para promover la armonización regulatoria a nivel internacional.

— **Participación de la sociedad civil:** La UE debe animar a la participación de la sociedad civil en la elaboración, la implementación y el seguimiento de las normas de la UE con alcance extraterritorial. Las organizaciones no gubernamentales (ONGs), los sindicatos, las asociaciones de consumidores y otros actores de la sociedad civil pueden aportar una valiosa perspectiva sobre las implicaciones prácticas del «Efecto Bruselas» en diferentes ámbitos y pueden contribuir a la construcción de un modelo de influencia normativa que sea más inclusivo, justo y responsable. La UE, para promover la participación de la sociedad civil, debe crear mecanismos de consulta y participación abiertos y transparentes y debe ofrecer recursos para que estas organizaciones puedan participar de forma efectiva en los debates y en la toma de decisiones.

6.4.2 Propuestas para un «Efecto Bruselas» más respetuoso del Derecho internacional.

El respeto al Derecho internacional Público, como ya se ha abordado en secciones anteriores, es un principio fundamental para la legitimidad de la acción exterior de la UE y para la construcción de un orden internacional basado en reglas[148]. La aplicación extraterritorial del Derecho de la UE debe ser coherente con los principios del Derecho internacional, incluyendo la soberanía de los Estados, el principio de no injerencia en asuntos internos, el principio de proporcionalidad y el respeto a los Derechos humanos. Schütze[149] analiza los límites de la extraterritorialidad del Derecho de la UE y destaca la necesidad de un respeto escrupuloso al Derecho internacional.

Entre las principales propuestas para un «Efecto Bruselas» más respetuoso del Derecho internacional, se encuentran:

— **Priorizar el Derecho internacional:** La UE, al adoptar normas con alcance extraterritorial, debe priorizar el respeto al Derecho internacional Público, incluyendo los tratados internacionales, la costumbre internacional y los principios generales del Derecho. Esto implica que la normativa de la UE debe ser coherente con las normas imperativas del Derecho internacional (*jus cogens*), con los tratados internacionales que vinculan a la UE, y que debe abstenerse de aplicar su Derecho de forma que vulneren la soberanía de los Estados terceros o el principio de no injerencia en asuntos internos.

— **Aplicar la cláusula de flexibilidad (Art. 352 TFUE) con prudencia:** La cláusula de flexibilidad, que permite a la UE adoptar actos jurídicos necesarios para alcanzar los objetivos de la Unión, cuando los Tratados no han previsto los poderes de actuación necesarios, debe utilizarse con prudencia en el ámbito de la aplicación extraterritorial del Derecho de la UE. La aplicación de la cláusula de flexibilidad, en estos casos, debe justificarse por la necesidad real de alcanzar un objetivo de la Unión que no pueda ser logrado de forma eficaz a través de otros medios, y debe respetar el principio de proporcionalidad, limitándose a aquello que sea estrictamente necesario para alcanzar el objetivo perseguido.

— **Promover la armonización regulatoria a nivel internacional:** La UE, para evitar conflictos con el Derecho internacional y para promover la cooperación con terceros países, debe fomentar la armonización regulatoria a nivel internacional, a través de la negociación de acuerdos internacionales, la participación en foros multilaterales y la promoción de

---

148. Organización de las Naciones Unidas. Carta de las Naciones Unidas. San Francisco: Organización de las Naciones Unidas; 1945.

149. *Vid.* Schütze R., «The Extraterritorial Effects of EU Law: A Concept in Search of Limits» en *Oxford Journal of Legal Studies*, vol. 31, nº 4, 2011, pp. 669-95.

estándares internacionales que sean compatibles con el Derecho de la UE y que tengan en cuenta las particularidades de los diferentes países y regiones. Snyder[150] y Wessel[151] analizan el papel de la UE en las organizaciones internacionales y en el sistema multilateral de comercio, destacando la importancia de la armonización regulatoria para la construcción de un orden internacional basado en reglas y en la cooperación entre Estados.

6.4.3 Propuestas para un «Efecto Bruselas» más eficaz y coherente.

Para ser un instrumento eficaz de proyección normativa de la UE, el «Efecto Bruselas» debe basarse en un enfoque coherente, transparente y basado en la evidencia. La UE, para mejorar la eficacia y la coherencia de la aplicación extraterritorial de su Derecho, debe adoptar una serie de medidas que tengan en cuenta los siguientes elementos:

— **Evaluaciones de impacto *ex ante* y *ex post***: La UE debe realizar evaluaciones de impacto rigurosas antes y después de la adopción de normas con posible alcance extraterritorial. Estas evaluaciones deben tener en cuenta las implicaciones económicas, sociales, ambientales, y jurídicas de la norma, incluyendo sus posibles efectos en terceros países. La evaluación ex ante debe permitir identificar los posibles efectos negativos de la normativa y buscar soluciones para mitigarlos, mientras que la evaluación ex post debe permitir evaluar la eficacia de la norma y realizar las modificaciones necesarias para mejorar su aplicación.

— **Cooperación judicial internacional:** La UE debe crear los mecanismos para fortalecer la cooperación judicial con terceros países para facilitar la aplicación de su Derecho y para garantizar el reconocimiento y la ejecución de las sentencias judiciales que tengan un alcance extraterritorial. La creación de mecanismos de asistencia jurídica mutua y la promoción de la formación de jueces y abogados de terceros países en Derecho de la UE son esenciales para garantizar la eficacia y la previsibilidad del «Efecto Bruselas».

— **Promoción de la investigación y la evaluación:** La UE debe fomentar la investigación académica sobre el «Efecto Bruselas», para profundizar en la comprensión del fenómeno, identificar sus implicaciones y analizar las diferentes perspectivas sobre su aplicación. La UE también debe

---

150. *Vid.* Snyder F., *The External Relations of the European Union: Law, Policy, and the Pursuit of Legitimacy*, Oxford University Press, Oxford, 2003.

151. *Vid.* Wessel R.A., *The European Union and the WTO: Legal and Constitutional Issues*, Oxford University Press, Oxford, 2011.

realizar evaluaciones periódicas de la eficacia y el impacto del «Efecto Bruselas» en diferentes ámbitos y debe promover el debate público sobre sus implicaciones para la gobernanza global. La investigación académica y la evaluación rigurosa del «Efecto Bruselas» son esenciales para garantizar que su aplicación sea efectiva y que contribuya a la construcción de un orden internacional más justo y sostenible.

6.4.4 Un futuro para el «Efecto Bruselas»: Un modelo de gobernanza global inclusiva y sostenible.

En un mundo cada vez más interconectado y complejo, plantea importantes desafíos y oportunidades para la UE. La UE, para asegurar que el «Efecto Bruselas» contribuya a la construcción de un orden internacional más justo y sostenible, debe actuar con transparencia, responsabilidad, respeto al Derecho internacional y compromiso con la cooperación multilateral.

El futuro del «Efecto Bruselas» dependerá de la capacidad de la UE para adaptarse a las nuevas realidades geopolíticas, para equilibrar la promoción de sus intereses con la necesidad de construir puentes con otros actores globales y para promover un modelo de gobernanza global que sea inclusivo, participativo y respetuoso con la diversidad. La UE, a través de su liderazgo en la regulación de las nuevas tecnologías, su compromiso con los Derechos humanos y el medio ambiente, y su apuesta por la cooperación internacional, puede contribuir a la construcción de un mundo más justo, pacífico y próspero, donde el «Efecto Bruselas» sea una herramienta para el progreso y no para la imposición de un modelo normativo unilateral.

Para promover un «Efecto Bruselas» más responsable, es necesario que todos los actores involucrados, tanto dentro como fuera de la UE, asuman su parte de responsabilidad. La siguiente tabla presenta recomendaciones específicas para diferentes actores:

Tabla 8. Recomendaciones para un «Efecto Bruselas» más responsable

Actor	Recomendaciones
UE	* Reforzar el diálogo y la cooperación con terceros países, creando mecanismos de consulta previa y participación. * Aumentar la transparencia en la elaboración de normas con alcance extraterritorial, publicando evaluaciones de impacto y documentos de trabajo. * Fortalecer el compromiso con el multilateralismo, promoviendo la armonización regulatoria a nivel internacional. * Establecer un marco jurídico claro y preciso para la aplicación extraterritorial del Derecho de la UE.

Estados miembros	* Aplicar el Derecho de la UE de forma coherente con la jurisprudencia del TJUE, evitando interpretaciones divergentes que puedan generar incertidumbre. * Promover el diálogo y la cooperación con terceros países a nivel bilateral, para abordar las preocupaciones específicas de cada país.
Terceros países	* Participar activamente en los procesos de consulta y diálogo promovidos por la UE. * Adaptar su legislación interna para garantizar la compatibilidad con las normas de la UE con alcance extraterritorial, promoviendo la convergencia regulatoria y evitando conflictos de normas. * Fortalecer sus sistemas judiciales y administrativos para garantizar una aplicación efectiva de las normas de la UE.
Empresas	* Realizar evaluaciones de impacto de las normas de la UE con alcance extraterritorial en sus operaciones, para identificar los riesgos y las oportunidades. * Adaptar sus prácticas empresariales a los estándares europeos, incluso cuando no estén legalmente obligadas, para evitar sanciones y mejorar su reputación. * Promover la transparencia y la rendición de cuentas en sus operaciones internacionales, informando sobre su cumplimiento de la normativa de la UE.
Organizaciones de la sociedad civil	* Monitorear la aplicación extraterritorial del Derecho de la UE y su impacto en los derechos humanos, el medio ambiente y el desarrollo sostenible. * Participar en los procesos de consulta y diálogo promovidos por la UE y por los Estados, para aportar su experiencia y sus perspectivas. * Promover la concienciación pública sobre el Efecto Bruselas y sus implicaciones, para fomentar un debate informado y participativo.

Fuente: Elaboración propia.

6.5. REAFIRMANDO EL LEGADO DEL «EFECTO BRUSELAS» Y SU PROYECCIÓN EN LA GOBERNANZA GLOBAL: UNA MIRADA HACIA EL FUTURO.

La presente investigación, a lo largo de sus diferentes secciones, ha explorado la complejidad del «Efecto Bruselas», como manifestación de la influencia normativa de la Unión Europea más allá de sus fronteras, y ha analizado sus fundamentos jurídicos, su alcance, sus límites y sus implicaciones en diferentes ámbitos del Derecho de la UE y del Derecho internacional Público. Esta sección final, a modo de conclusión, busca ofrecer una síntesis prospectiva de los principales hallazgos de la investigación, reafirmando el legado del «Efecto Bruselas» y su proyección en la gobernanza global en un mundo en constante transformación, y proponiendo líneas de actuación para su aplicación responsable en el futuro. Es importante destacar que esta sección buscará no replicar el contenido ya expuesto en el cuerpo del texto, sino que a través de las propuestas busca plantear las implicaciones del «Efecto Bruselas» para el futuro de la gobernanza global, y por ello se priorizará el análisis prospectivo, la síntesis y la formulación de recomendaciones.

6.5.1 El legado del «Efecto Bruselas»: Un modelo de influencia normativa en el escenario global.

El «Efecto Bruselas», como mecanismo de influencia normativa de la UE, ha demostrado su potencial para promover estándares más ambiciosos en diferentes ámbitos y para influir en la legislación y las prácticas de terceros países[152]. La UE, a través de la aplicación extraterritorial de su Derecho, ha logrado expandir su poder normativo más allá de sus fronteras, convirtiéndose en un actor clave en la configuración de la gobernanza global. Este legado del «Efecto Bruselas», que se basa en la calidad de la normativa de la UE, su capacidad para influir en el debate internacional y su compromiso con los Derechos humanos, la protección del medio ambiente y la promoción de un orden internacional basado en reglas, ha sido fundamental para la construcción de un sistema jurídico global más coherente, justo y sostenible.

La aplicación extraterritorial del RGPD, por ejemplo, ha sido un impulso para la protección de datos personales a nivel global, obligando a empresas de todo el mundo a adoptar estándares más rigurosos en materia de privacidad. La Directiva Marco del Agua o la Directiva de Aves, como se ha analizado en secciones anteriores, han servido como modelo para la protección del medio ambiente y para la gestión de recursos naturales en diferentes países y regiones. La influencia de la UE en la regulación de las nuevas tecnologías, como la IA o las plataformas digitales, busca garantizar que estas tecnologías se desarrollen y se utilicen de forma ética y responsable, en beneficio de la sociedad en su conjunto.

El «Efecto Bruselas», por tanto, se consolida como un modelo de influencia normativa en el siglo XXI, basado en la capacidad de la UE para proyectar sus normas y estándares más allá de sus fronteras, y para promover la cooperación internacional en la búsqueda de soluciones a los desafíos globales. Bradford[2] analiza las condiciones para el éxito del «Efecto Bruselas» y destaca la importancia de la coherencia normativa, la credibilidad de las instituciones y la capa-

---

152. *Vid.* Bradford A., *The Brussels Effect: How the European Union Rules the World*, Oxford University Press, Oxford, 2020.

cidad de la UE para establecer estándares que sean aceptados y adoptados por terceros países.

6.5.2 Desafíos para el futuro: Un mundo en constante transformación.

A pesar de sus logros, el «Efecto Bruselas» se enfrenta a importantes desafíos en un mundo en constante transformación. La creciente competencia entre potencias, el auge de nuevos actores globales, la fragmentación del orden internacional, el aumento de las tensiones geopolíticas, la polarización de las sociedades y el rápido avance de las nuevas tecnologías son factores que pueden limitar el alcance del «Efecto Bruselas» y plantear nuevos retos para la proyección normativa de la UE a nivel global. Es fundamental que la UE sea consciente de estos desafíos y que adopte un enfoque estratégico para garantizar que el «Efecto Bruselas» siga contribuyendo a la construcción de un orden internacional más justo, equitativo y sostenible.

La polarización de la sociedad y el auge de los nacionalismos, tanto en el seno de la UE como a nivel global, plantean desafíos para la aplicación extraterritorial del Derecho de la UE. El escepticismo hacia la globalización, la desconfianza hacia las instituciones internacionales y el auge de los movimientos populistas pueden dificultar la aceptación de las normas de la UE en terceros países y generar tensiones y conflictos en las relaciones internacionales. La UE, para superar estos desafíos, debe buscar la cooperación con todos los actores relevantes, fomentar el diálogo y el entendimiento mutuo y promover un modelo de gobernanza global que sea inclusivo, transparente y democrático.

La guerra en Ucrania, y otros conflictos geopolíticos que han surgido en los últimos años, también plantean desafíos para el «Efecto Bruselas», al generar inestabilidad y tensiones en el escenario internacional, lo que puede dificultar la cooperación entre la UE y otros actores globales y limitar la capacidad de la Unión para proyectar su influencia normativa a nivel global.

El rápido avance de las nuevas tecnologías, como la inteligencia artificial, el *big data* o el metaverso, también plantea nuevos desafíos para el «Efecto Bruselas». La necesidad de regular estas tecnologías, que tienen un impacto cada vez mayor en la sociedad y la economía, exige un enfoque flexible, innovador y adaptable al cambio tecnológico, pero al mismo tiempo que garantice la protección de los Derechos fundamentales y la promoción de valores éticos en el desarrollo y la utilización de las nuevas tecnologías.

La interacción entre la UE y otros actores globales, en un mundo cada vez más multipolar y competitivo, también genera desafíos para la proyección normativa de la UE. La UE debe buscar un equilibrio entre la defensa de sus intereses y la cooperación con otros países, para evitar la fragmentación del orden internacional y para promover un sistema multilateral que sea justo, equitativo y sostenible.

6.5.3 Recomendaciones para un «Efecto Bruselas» más responsable: Un enfoque multidimensional.

El futuro del «Efecto Bruselas» está supeditado de la capacidad de la UE para abordar los desafíos que plantea un mundo en constante transformación y para construir un modelo de influencia normativa que sea responsable, transparente, participativo y respetuoso con el Derecho internacional. Para ello, la UE debe adoptar una serie de medidas con un enfoque multidimensional que se centre en:

— **Transparencia y participación:** La UE debe optimizar la transparencia en la elaboración de las normas con alcance extraterritorial, permitiendo la participación de todos los actores relevantes en el proceso, incluyendo a los Estados terceros, la sociedad civil y las empresas. La UE debe publicar documentos de trabajo, organizar consultas públicas y realizar evaluaciones de impacto que tengan en cuenta las implicaciones extraterritoriales de las normas propuestas. El proceso de toma de decisiones debe ser más abierto y transparente, para garantizar la legitimidad de la acción de la UE a nivel global.
— **Respeto del Derecho internacional:** La UE debe reafirmar su compromiso con el Derecho internacional Público y debe garantizar que la aplicación extraterritorial de su Derecho sea coherente con las normas y principios del Derecho internacional. La UE debe priorizar la aplicación del Derecho internacional, incluyendo las normas imperativas (*jus cogens*) y los tratados internacionales, y debe evitar la imposición unilateral de sus normas en contra de la soberanía de los Estados. Schütze[153] analiza los límites de la extraterritorialidad del Derecho de la UE y destaca la importancia de un respeto escrupuloso al Derecho internacional.
— **Proporcionalidad y subsidiariedad:** La UE ha de aplicar sus normas con proporcionalidad, buscando un equilibrio entre la protección de sus intereses y el respeto a la soberanía de los Estados terceros. La aplicación extraterritorial del Derecho de la UE debe limitarse a aquellas situaciones en las que sea necesaria para alcanzar un objetivo legítimo de la Unión, y debe evitar generar cargas desproporcionadas para las empresas o los ciudadanos de terceros países. La UE también debe aplicar el principio de subsidiariedad, garantizando que solo actúa a nivel global cuando los objetivos de la acción propuesta no puedan ser alcanzados de forma suficiente por los Estados miembros o por otros actores internacionales.

---

153. *Vid.* Taylor M., «The EU's Human Rights Obligations in Relation to Its Data Protection Laws with Extraterritorial Effect», en *Int Data Priv Law*, 2015; 5(4), pp. 246-256.

— **Cooperación y diálogo:** Ha de incentivar la cooperación y el diálogo con terceros países en todos los ámbitos donde se manifiesta el «Efecto Bruselas», buscando soluciones consensuadas que tengan en cuenta la diversidad de los ordenamientos jurídicos y las necesidades de los diferentes países y regiones. El diálogo debe ser abierto, inclusivo y basado en el respeto mutuo y en la voluntad de encontrar soluciones que sean beneficiosas para todos los actores involucrados. Snyder[154] y Wessel[155] destacan la importancia de la cooperación internacional y el multilateralismo para la eficacia de la acción exterior de la UE y para la construcción de un orden internacional basado en reglas.

— **Adaptación a las nuevas realidades:** Adaptando su normativa y sus políticas a las nuevas realidades del mundo contemporáneo, caracterizado por la globalización, la digitalización, el cambio climático y el surgimiento de nuevas tecnologías. La regulación debe ser flexible, adaptable y basada en la evidencia científica, para garantizar su eficacia en un entorno en constante transformación.

— **Promoción de la innovación responsable:** La UE debe buscar un equilibrio entre la regulación y la promoción de la innovación, fomentando un entorno que estimule el desarrollo de nuevas tecnologías, la creación de nuevos productos y servicios y la adopción de prácticas empresariales más responsables y sostenibles. La UE debe apoyar la investigación y el desarrollo tecnológico, especialmente en ámbitos como la IA, la energía renovable, la biotecnología y la economía circular, que son clave para el futuro de la humanidad.

6.5.4 El futuro del «Efecto Bruselas»: Un llamado a la reflexión y a la acción.

En definitiva, el futuro del «Efecto Bruselas» dependerá de la capacidad de la UE para adoptar un enfoque más responsable, transparente, participativo y respetuoso con el Derecho internacional. La UE, para mantener su liderazgo en la gobernanza global y para promover un orden internacional más justo y sostenible, debe buscar un equilibrio entre la protección de sus intereses y la necesidad de cooperar con otros actores globales, de promover el diálogo y la armonización regulatoria y de fomentar la participación de la sociedad civil en la toma de decisiones a nivel internacional.

La investigación sobre el «Efecto Bruselas», que se ha presentado en este documento, ha buscado contribuir a un mayor conocimiento y comprensión de

---

154. *Vid.* Snyder F., *The External Relations of the European Union: Law, Policy, and the Pursuit of Legitimacy*, Oxford University Press, Oxford, 2003.

155. *Vid.* Wessel R.A., *The European Union and the WTO: Legal and Constitutional Issues*, Oxford University Press, Oxford, 2011.

este fenómeno complejo y multifacético y a la identificación de los desafíos y las oportunidades que plantea para la gobernanza global. El debate sobre el «Efecto Bruselas» debe continuar en la comunidad académica, en los foros políticos y en la sociedad civil, para que se puedan encontrar soluciones innovadoras y eficaces a los desafíos que plantea la proyección extraterritorial del Derecho de la UE.

Este análisis es una invitación a la reflexión sobre la influencia normativa de la UE en el mundo contemporáneo y sobre la necesidad de un orden internacional basado en reglas, en el respeto a los Derechos humanos y en la promoción de un desarrollo sostenible. El futuro del «Efecto Bruselas» dependerá de la capacidad de la UE para adaptarse a los cambios en el escenario global, para promover el diálogo y la cooperación con otros actores, y para construir un modelo de gobernanza que sea inclusivo, participativo y respetuoso con la diversidad cultural y jurídica de los diferentes países y regiones. El «Efecto Bruselas», si se utiliza de forma responsable, puede ser una herramienta poderosa para la construcción de un mundo más justo, pacífico y próspero, donde los Derechos fundamentales sean respetados y la dignidad humana sea protegida.

7.
CONCLUSIONES

PRIMERA. - La creciente influencia global del Derecho de la UE a a través del «Efecto Bruselas» y su impacto en la gobernanza global. La Unión Europea ha consolidado su papel como un líder regulador en diversas áreas, incluyendo la protección de datos, la sostenibilidad corporativa y la regulación de plataformas digitales. Este fenómeno, sustentado en principios como la primacía y el efecto directo del Derecho de la UE, refleja la capacidad de la UE para extender su normativa más allá de sus fronteras, influenciando legislaciones y prácticas a nivel global. La influencia de la UE no solo se limita a imponer estándares legales, sino también a fomentar la adopción voluntaria de sus normas por parte de terceros países, atraídos por el acceso al mercado único europeo. Esta estrategia permite que la comunidad actúe como un modelo normativo, influyendo indirectamente en la elaboración de políticas de otros países, incluso fuera de su área geográfica inmediata.

Este impacto es especialmente visible en sectores como el digital, donde las empresas tecnológicas globales han tenido que adaptar sus prácticas para cumplir con normativas como el RGPD. Con el establecimiento de un estándar robusto en la protección de datos personales, la UE no solo protege a sus ciudadanos, sino que también crea un marco de referencia que se adopta ampliamente por razones económicas y reputacionales. Muchas empresas encuentran más eficiente aplicar los estándares europeos en todos los mercados en los que operan, en lugar de desarrollar políticas separadas para diferentes regiones. Esto ha llevado a una globalización de los principios europeos en la protección de datos y ha consolidado a la UE como una potencia normativa.

La capacidad de la UE para liderar en la armonización global de estándares legales también subraya su papel como actor clave en la gobernanza internacional. A través de la inclusión de cláusulas específicas en sus tratados comerciales, se han de promover la sostenibilidad, los derechos laborales y la protección ambiental en sus socios comerciales. Esto no solo asegura que las importaciones cumplan con altos estándares, sino que también impulsa a otros países a actualizar sus regulaciones nacionales para cumplir con estos requisitos. Esta estrategia también refuerza la competitividad de las empresas europeas, al garantizar un campo de juego más nivelado a nivel internacional.

Por otra parte, el «Efecto Bruselas» también actúa como un mecanismo de diplomacia normativa. La adopción de estándares europeos por parte de terceros países fortalece las relaciones bilaterales y multilaterales, al tiempo que refuerza el papel de la UE en la promoción de valores como los Derechos humanos, la democracia y el estado de derecho. Este enfoque de liderazgo regulatorio tiene un impacto profundo no solo en ámbitos económicos, sino también en la configuración de un orden mundial basado en reglas compartidas. Asimismo, la UE ha influido en la creación de mecanismos de gobernanza global, como el refuerzo de instituciones multilaterales que apoyan la implementación de estándares comunes. Este enfoque facilita la colaboración en ámbitos como el cambio climático, la gestión de recursos naturales y la protección de los Derechos humanos.

En definitiva, el «Efecto Bruselas» se manifiesta como un fenómeno multidimensional que equilibra Derechos fundamentales, competitividad y sostenibilidad. Este modelo no está exento de retos, pero sigue demostrando que la Unión Europea es capaz de proyectar su influencia normativa de manera efectiva, posicionándose como un referente global en la gobernanza del siglo XXI.

SEGUNDA. - La aplicación extraterritorial del Derecho de la UE en el contexto del RGPD. El RGPD se erige como un ejemplo paradigmático del «Efecto Bruselas», ya que obliga a las empresas extranjeras a cumplir con sus disposiciones si tratan datos personales de ciudadanos europeos. Este alcance extraterritorial se fundamenta en la premisa de que el tratamiento de datos personales debe respetar los Derechos fundamentales de los ciudadanos de la UE, independientemente de dónde se lleve a cabo.

La influencia del RGPD ha llevado a una adaptación global de las normativas sobre protección de datos. Países como India han comenzado a modificar sus legislaciones para garantizar un nivel adecuado de protección de datos, buscando compatibilidad con los estándares europeos. De manera similar, en Estados Unidos, numerosas empresas han implementado políticas de privacidad más estrictas y adoptado medidas de cumplimiento para evitar sanciones y garantizar el acceso al mercado europeo. Este impacto regulatorio no solo refuerza la posición de la UE como líder global en protección de datos, sino que también ha generado un efecto dominó que inspira a otras jurisdicciones a desarrollar marcos normativos similares.

El RGPD también ha influido significativamente en la gestión empresarial a nivel global. Las empresas han tenido que invertir en infraestructura tecnológica, capacitación de personal y revisión de procesos para cumplir con las disposiciones del RGPD, como el derecho al olvido, el consentimiento explícito y la notificación de brechas de seguridad. Esto ha traducido en a una mayor concienciación sobre la importancia de la privacidad y la seguridad de los datos, contribuyendo a una mejora general en las prácticas de protección de datos a nivel global. Además, el RGPD ha servido como modelo para la cooperación internacional en la regulación de flujos de datos. La negociación de acuerdos de transferencia de datos, como los sucesores del *Privacy Shield* entre la UE y Estados Unidos, refleja los esfuerzos por equilibrar la protección de los Derechos fundamentales con las necesidades del comercio internacional. Esta interacción ha puesto de manifiesto la importancia de establecer estándares comunes para garantizar la interoperabilidad regulatoria entre diferentes jurisdicciones.

En conclusión, el RGPD ejemplifica cómo el «Efecto Bruselas» puede transformar la normativa global al extender los principios europeos a ámbitos transfronterizos. Su impacto ha ido más allá de la protección de datos, contribuyendo al desarrollo de un entorno más seguro y respetuoso de los derechos digitales, marcando un hito en la gobernanza global de la privacidad.

TERCERA. - El impacto del «Efecto Bruselas» en el Derecho de la competencia. La Unión Europea ha demostrado su capacidad para aplicar normas de competencia a empresas situadas fuera de su territorio cuando sus prácticas tienen un impacto directo, sustancial y previsible en el mercado interior. Este enfoque, conocido como el principio del «efecto constitutivo», se ha consolidado en la jurisprudencia del Tribunal de Justicia de la Unión Europea (TJUE), particularmente en casos icónicos como *Wood Pulp*. En dicho caso, el TJUE determinó que las conductas de empresas extranjeras podían ser reguladas por la normativa comunitaria si afectaban de manera significativa al mercado interior de la UE.

La aplicación del Derecho de la competencia en este contexto ha sido fundamental para garantizar un mercado único libre de prácticas anticompetitivas. Casos adicionales como Intel *vs.* Comisión Europea han reforzado este principio, subrayando que la UE tiene tanto el derecho como la obligación de intervenir cuando las prácticas comerciales de empresas internacionales alteran la igualdad de condiciones en el mercado. Este tipo de intervenciones no solo previenen abusos de posición dominante, sino que también fomentan una competencia justa que beneficia tanto a los consumidores europeos como a la economía global. Además, el impacto del «Efecto Bruselas» en el Derecho de la competencia también se extiende a la regulación de fusiones y adquisiciones transfronterizas. La Comisión Europea revisa transacciones que involucran a empresas no europeas si estas tienen una presencia significativa en el mercado de la UE. Por ejemplo, en el caso de GE/Honeywell, la Comisión bloqueó la fusión propuesta debido a su potencial impacto anticompetitivo, demostrando la capacidad de la UE para influir en decisiones empresariales globales.

Esta proyección normativa no está exenta de críticas. Algunos países y empresas consideran que la aplicación extraterritorial del Derecho de la competencia representa una injerencia en sus asuntos internos. Sin embargo, la UE defiende su posición argumentando que el objetivo principal es garantizar la integridad y el buen funcionamiento de su mercado único. Este enfoque también subraya la importancia de establecer criterios claros y predecibles para la aplicación extraterritorial, promoviendo la seguridad jurídica tanto para las empresas europeas como para las internacionales.

En resumen, el «Efecto Bruselas» en el Derecho de la competencia destaca cómo la Unión Europea utiliza su poder regulador para influir en la dinámica global del mercado. Al aplicar principios como el «efecto constitutivo», la UE no solo protege su mercado interior, sino que también establece un estándar internacional que fomenta la transparencia, la equidad y la competencia leal a nivel global.

CUARTA. - La regulación ambiental y la sostenibilidad corporativa como pilares del «Efecto Bruselas». La Unión Europea ha utilizado su poder normativo de manera consistente para impulsar estándares ambientales más estrictos a nivel global, lo que refleja su compromiso con la sostenibilidad y la protección del medio ambiente. Este enfoque se materializa, entre otras cosas, en la inclusión de cláusulas ambientales en sus acuerdos comerciales, que exigen a los socios comerciales cumplir con normativas europeas avanzadas en esta materia.

Normas clave como la Directiva Marco del Agua, que establece objetivos ambiciosos para la gestión sostenible de los recursos hídricos, y la Directiva de Aves, diseñada para la protección de especies migratorias, son ejemplos paradigmáticos del enfoque de la UE hacia los problemas ambientales con implicaciones transfronterizas. Estas directivas no solo imponen obligaciones dentro de los Estados miembros, sino que también inspiran a terceros países a adoptar estándares similares, consolidando la posición de la UE como líder en la gobernanza ambiental global.

La UE también ha promovido la sostenibilidad corporativa como una herramienta fundamental para enfrentar los desafíos medioambientales. La Directiva de Información no Financiera (NFRD), por ejemplo, obliga a las grandes empresas a divulgar información sobre su desempeño ambiental, social y de gobernanza, incentivando la transparencia y la responsabilidad empresarial. Este marco normativo busca no solo mitigar el impacto ambiental de las actividades económicas, sino también fomentar la transición hacia modelos de negocio más sostenibles.

Otro ejemplo destacable es el Pacto Verde Europeo, que establece la meta de alcanzar la neutralidad climática en la UE para 2050. Este pacto incluye iniciativas como el Mecanismo de Ajuste en Frontera por Carbono (CBAM), que impone costos adicionales a las importaciones de bienes de terceros países que no cumplan con los estándares de emisiones de la UE. Medidas como estas refuerzan el «Efecto Bruselas» al incentivar a los socios comerciales a alinearse con los objetivos climáticos de la UE para mantener el acceso competitivo al mercado europeo.

En última instancia, el enfoque ambiental de la UE no solo aborda problemas locales, sino también busca influir en las políticas globales, fomentando la cooperación internacional en temas cruciales como el cambio climático y la protección de la biodiversidad. La combinación de regulaciones internas estrictas, incentivos económicos y diplomacia normativa posiciona a la UE como un referente en la construcción de un futuro sostenible. Sin embargo, este liderazgo también enfrenta retos significativos, como las tensiones con países que perciben estas medidas como barreras comerciales o imposiciones externas. A pesar de ello, la UE continúa demostrando que su modelo regulador puede ser un instrumento eficaz para avanzar hacia una mayor sostenibilidad a nivel global.

QUINTA. - Los desafíos de la soberanía estatal frente a la aplicación extraterritorial del Derecho de la UE. Aunque refuerza la protección de Derechos fundamentales y la armonización regulatoria, también plantea tensiones significativas con la soberanía de los estados terceros, que perciben estas normas como una intromisión en sus competencias internas. Esta percepción se intensifica en casos donde las normas de la UE tienen un alcance global y afectan directamente a las políticas internas de terceros países, como en el caso del RGPD.

Los estados terceros enfrentan el dilema de adaptar sus legislaciones nacionales para cumplir con las normativas europeas o arriesgarse a quedar excluidos del mercado único europeo, lo que puede ser económicamente inviable. Esta situación genera críticas relacionadas con la imposición normativa y la supuesta falta de reciprocidad, especialmente en relaciones comerciales y políticas asimétricas. Además, algunos países consideran que estas medidas extraterritoriales desdibujan los límites tradicionales de la soberanía estatal, planteando preguntas sobre el equilibrio entre la protección de intereses supranacionales y el respeto a las competencias nacionales. Por otro lado, el «Efecto Bruselas» también ha incentivado un diálogo global sobre la necesidad de armonizar ciertos estándares, como la protección de datos y la sostenibilidad, lo que podría interpretarse como un paso hacia una gobernanza más colaborativa. Sin embargo, esta colaboración no siempre es fácil de lograr, ya que las prioridades y capacidades regulatorias de los estados varían considerablemente.

En última instancia, aunque la proyección normativa de la UE representa un avance significativo en la protección de Derechos fundamentales a nivel global, también subraya la necesidad de equilibrar cuidadosamente sus intereses con el respeto a la soberanía de los estados terceros. Este equilibrio es esencial para evitar tensiones innecesarias y fomentar un entorno internacional más cooperativo.

SEXTA. - La importancia de la jurisprudencia del TJUE en la delimitación del «Efecto Bruselas». El TJUE ha sido crucial para establecer los límites y las condiciones de la aplicación extraterritorial del Derecho comunitario, utilizando principios como el efecto útil y la proporcionalidad para equilibrar intereses conflictivos. A través de su jurisprudencia, el TJUE ha consolidado su papel como árbitro en la interpretación de normas clave, asegurando que estas se apliquen de manera coherente y respetuosa con los principios fundamentales del Derecho de la Unión Europea.

Entre los casos destacados, la doctrina establecida en Cassis de Dijon y Kadi subraya cómo el TJUE ha equilibrado la integración del mercado interior con la protección de Derechos fundamentales. En particular, el caso *Kadi* enfatiza el papel del TJUE en garantizar que las medidas internacionales, como las sanciones, respeten los Derechos fundamentales consagrados en el ordenamiento jurídico de la UE. Este enfoque ha permitido que el TJUE actúe como un contrapeso frente a posibles excesos regulatorios, salvaguardando los principios de proporcionalidad y efecto útil en la aplicación normativa. Además, el TJUE ha establecido criterios claros para definir el alcance de la aplicación extraterritorial del Derecho comunitario. En casos como *Wood Pulp* y *Google Spain*, el tribunal ha delineado las circunstancias bajo las cuales las normas de la UE pueden extenderse a actores y conductas fuera de sus fronteras, basándose en el impacto directo y previsible en el mercado interior. Esta doctrina no solo refuerza la capacidad de la UE para proteger sus intereses, sino que también establece un precedente que otros ordenamientos jurídicos han comenzado a emular. Esto ha llevado a una expansión del concepto de aplicación extraterritorial, fomentando un diálogo global sobre cómo equilibrar la soberanía nacional con la armonización internacional.

El TJUE también ha jugado un papel crucial en la adaptación de las normas comunitarias a los desafíos de la era digital. Por ejemplo, en casos como «Schrems I» y «Schrems II», el tribunal destacó la importancia de proteger los datos personales en un contexto de transferencia internacional, sentando precedentes que obligaron a renegociar acuerdos como el *Privacy Shield*. Estas decisiones reflejan el compromiso del TJUE con la protección de los Derechos fundamentales, incluso cuando estos chocan con intereses económicos y políticos. Por otro lado, la labor del TJUE también enfrenta críticas, especialmente de países terceros que perciben su jurisprudencia como una intromisión en sus asuntos internos. Estas críticas se centran en la aparente imposición de normas europeas en jurisdicciones extranjeras, lo que algunos consideran una amenaza a su soberanía. No obstante, el TJUE ha intentado mitigar estas preocupaciones utilizando criterios como la proporcionalidad y la subsidiariedad, asegurando que las medidas adoptadas sean necesarias y no excedan lo imprescindible para alcanzar los objetivos del Derecho de la UE. Además, el tribunal ha promovido el diálogo con tribunales internacionales y nacionales, fomentando un enfoque colaborativo.

En resumen, la jurisprudencia del TJUE ha sido instrumental en la definición del «Efecto Bruselas», proporcionando un marco claro y predecible para la aplicación extraterritorial del Derecho comunitario. Su capacidad para interpretar y delimitar estos principios ha sido esencial para garantizar que el Derecho de la UE se proyecte globalmente de manera equilibrada y respetuosa con los Derechos fundamentales y la soberanía de terceros estados. Al mismo tiempo, su jurisprudencia sigue siendo un referente para otros sistemas legales, consolidando la posición de la UE como un líder normativo global.

SÉPTIMA. - El «Efecto Bruselas» y las nuevas tecnologías: regulación de la inteligencia artificial y soberanía digital. La UE ha liderado esfuerzos regulatorios en ámbitos como la inteligencia artificial, a través del Reglamento europeo de IA, y la protección de datos, enfrentando los desafíos de la soberanía digital en un mundo interconectado. El Reglamento Europeo de IA establece un marco jurídico pionero que busca garantizar el desarrollo seguro y ético de estas tecnologías, imponiendo obligaciones específicas para los desarrolladores y usuarios de sistemas de IA, especialmente en áreas de alto riesgo como la atención sanitaria, la educación y la justicia.

Además, la UE ha promovido la inclusión de principios éticos en el diseño y uso de sistemas de inteligencia artificial, destacando la necesidad de transparencia, explicabilidad y responsabilidad. Estos principios no solo buscan proteger los Derechos fundamentales, sino también garantizar que las tecnologías digitales sean accesibles y seguras para todos los ciudadanos. Por ejemplo, se ha puesto énfasis en evitar sesgos algorítmicos que puedan discriminar a ciertos grupos sociales, fortaleciendo así la confianza del público en estas tecnologías.

En el ámbito de la soberanía digital, la UE también ha trabajado para reducir su dependencia tecnológica de terceros países y asegurar un mayor control sobre los datos generados dentro de su territorio. Iniciativas como GAIA-X, un proyecto europeo para la creación de una infraestructura de datos soberana y segura, son un ejemplo claro de cómo la UE busca fortalecer su posición en el ecosistema digital global. Este enfoque también incluye la regulación de plataformas digitales, mediante la Ley de Servicios Digitales (DSA) y la Ley de Mercados Digitales (DMA), que imponen reglas más estrictas a las grandes tecnologías para evitar prácticas anticompetitivas y proteger los derechos de los usuarios.

El «Efecto Bruselas» en las nuevas tecnologías también ha tenido un impacto significativo fuera de Europa. Países como Japón y Canadá han comenzado a adaptar sus marcos regulatorios tomando como referencia las iniciativas europeas, mientras que las grandes corporaciones tecnológicas han ajustado sus prácticas globales para alinearse con las normativas europeas, dada la importancia del mercado único. Este liderazgo regulatorio refuerza la influencia global de la UE, posicionándola como un referente en la gobernanza digital del siglo XXI.

La UE ha demostrado ser un actor clave en la regulación de las nuevas tecnologías y la soberanía digital, utilizando el «Efecto Bruselas» para establecer estándares globales que promuevan la ética, la seguridad y la sostenibilidad en un mundo cada vez más conectado.

OCTAVA. - El teletrabajo transfronterizo como ejemplo de los retos prácticos del «Efecto Bruselas». La digitalización y la externalización de servicios han planteado desafíos únicos para la aplicación extraterritorial de normativas como el RGPD, destacando la necesidad de armonización en ámbitos como el Derecho laboral y la protección de datos. En particular, la adopción masiva del teletrabajo a nivel global ha creado un contexto donde los flujos transfronterizos de información personal y empresarial han aumentado significativamente, exponiendo las inconsistencias entre marcos legales nacionales y regionales. Esto ha llevado a las empresas a enfrentarse a requisitos regulatorios múltiples y, en ocasiones, contradictorios, lo que subraya la urgencia de establecer principios comunes que faciliten el cumplimiento normativo.

Por ejemplo, muchas empresas multinacionales se han visto obligadas a desarrollar estrategias de cumplimiento doble, adaptando sus prácticas tanto a las normativas europeas como a las de otros países. Esta situación no solo aumenta los costos operativos, sino que también genera incertidumbre jurídica, afectando la competitividad de estas organizaciones en un mercado global. Además, la falta de armonización también impacta directamente en los derechos de los trabajadores, quienes pueden estar sujetos a diferentes niveles de protección dependiendo del país en el que residen o trabajan remotamente. Esta disparidad en las normativas laborales también genera desigualdades significativas en las condiciones de empleo y remuneración, lo que pone de manifiesto la necesidad de un marco global coherente. Además, las implicaciones para la seguridad de la información no son menores. Las empresas deben garantizar que los datos sensibles se manejen de manera segura en entornos transnacionales, lo que requiere la implementación de tecnologías avanzadas y el cumplimiento de una normativa fragmentada. Esta situación también pone a prueba las capacidades de supervisión de los organismos reguladores, que enfrentan dificultades para monitorear el cumplimiento en un contexto globalizado.

En este contexto, la Unión Europea ha promovido iniciativas para liderar el establecimiento de estándares internacionales en protección de datos y condiciones laborales justas. Estas iniciativas buscan crear un equilibrio entre la seguridad jurídica y la protección efectiva de Derechos fundamentales, al tiempo que se fomenta la competitividad global. Por ejemplo, propuestas como el establecimiento de acuerdos internacionales de teletrabajo y normas uniformes para la gestión de datos podrían aliviar muchas de estas tensiones. Sin embargo, el camino hacia una armonización efectiva sigue siendo desafiante debido a las diferencias significativas en las prioridades regulatorias y los recursos disponibles entre los distintos países y regiones. A pesar de ello, la UE sigue siendo un referente en este ámbito, marcando el camino hacia un futuro más integrado y equitativo en las relaciones laborales y la protección de datos.

NOVENA. - La proyección normativa de la UE debe respetar principios como la soberanía estatal y el Derecho internacional público. Si bien la UE ha logrado extender su influencia normativa más allá de sus fronteras, esta proyección no está exenta de críticas. Muchos terceros países perciben las normativas europeas como una imposición que amenaza su capacidad para decidir sobre cuestiones internas. Esta tensión se manifiesta particularmente en ámbitos como la protección de datos y las normativas ambientales, donde los estándares europeos pueden entrar en conflicto con las prioridades nacionales de desarrollo económico y social.

En respuesta a estas preocupaciones, la UE ha buscado promover la cooperación multilateral a través de acuerdos y foros internacionales. Estas iniciativas buscan equilibrar los intereses de la UE con los de terceros países, asegurando que sus normativas no sean percibidas como unilaterales, sino como parte de un esfuerzo colectivo por abordar problemas globales. Un ejemplo notable es el esfuerzo por armonizar las normativas sobre sostenibilidad en el comercio internacional, donde la UE trabaja con socios comerciales para implementar cláusulas ambientales y sociales en los tratados. Sin embargo, el camino hacia un consenso global es complejo. Las diferencias en capacidades regulatorias, prioridades políticas y niveles de desarrollo entre los países dificultan la creación de un terreno común. Además, la resistencia de algunos gobiernos a ceder soberanía en ciertas áreas plantea un obstáculo significativo para la cooperación efectiva.

A pesar de estos desafíos, la búsqueda de consensos y el respeto por los principios del Derecho internacional son fundamentales para evitar tensiones innecesarias y garantizar que la influencia de la UE sea percibida como constructiva. Este enfoque también refuerza la legitimidad del «Efecto Bruselas», consolidándolo como una herramienta clave en la gobernanza global. En última instancia, el reto para la UE es equilibrar su rol como líder normativo con la necesidad de respetar la diversidad de contextos y prioridades que caracterizan a la comunidad internacional.

DÉCIMA. - El equilibrio entre regulación e innovación en el contexto del «Efecto Bruselas». Aunque la normativa europea ha sido un catalizador para la armonización global, también ha generado preocupaciones sobre sus efectos en la competitividad y la capacidad de innovación, especialmente para las pequeñas y medianas empresas. Estas inquietudes surgen debido a la percepción de que las regulaciones pueden ser demasiado estrictas o complejas, lo que aumenta los costos de cumplimiento y desvía recursos que podrían ser invertidos en investigación y desarrollo. Por ejemplo, sectores como el de tecnología, energías renovables y biotecnología enfrentan barreras específicas debido a la necesidad de cumplir con normativas como el Reglamento General de Protección de Datos (RGPD) o las directivas relacionadas con la sostenibilidad ambiental. Aunque estas normativas buscan garantizar la protección de los Derechos fundamentales y promover un desarrollo sostenible, también pueden limitar la flexibilidad de las empresas más pequeñas para experimentar con nuevos modelos de negocio o adoptar tecnologías emergentes.

No obstante, la UE también ha implementado iniciativas para mitigar estos efectos y fomentar un entorno favorable para la innovación. Programas como Horizonte Europa y el Consejo Europeo de Innovación están diseñados para proporcionar financiamiento y apoyo a las empresas que buscan desarrollar soluciones tecnológicas disruptivas dentro de los marcos regulatorios europeos. Estas iniciativas tienen como objetivo equilibrar la necesidad de regulación con el impulso a la creatividad y la competitividad global. Además, el «Efecto Bruselas» también ha incentivado a otros países a adoptar regulaciones similares, lo que podría facilitar la creación de un ecosistema global más armonizado que beneficie a las empresas innovadoras al reducir las barreras regulatorias entre mercados. Sin embargo, el camino hacia este equilibrio aún es desafiante, especialmente en un entorno competitivo donde los marcos regulatorios pueden variar significativamente entre regiones.

Aunque el «Efecto Bruselas» plantea retos importantes para la competitividad y la innovación, también ofrece oportunidades para establecer estándares globales que impulsen la confianza y la sostenibilidad. La clave estará en continuar adaptando las normativas para garantizar que no solo protejan los Derechos fundamentales y el medio ambiente, sino que también fomenten un entorno donde la creatividad y la tecnología puedan prosperar.

Y estas diez conclusiones se reducen a una... La necesidad de un «Efecto Bruselas» responsable y equilibrado. Para garantizar su legitimidad, la aplicación extraterritorial del Derecho de la UE debe ser proporcional, transparente y respetuosa del Derecho internacional. Esto implica establecer criterios claros y predecibles para la aplicación de sus normativas, asegurando que los intereses de terceros países sean tenidos en cuenta y que las medidas adoptadas no impongan cargas innecesarias. Además, la UE debe trabajar para fomentar el diálogo multilateral y la cooperación internacional, creando espacios donde los diferentes actores puedan expresar sus preocupaciones y contribuir a soluciones colectivas.

Un «Efecto Bruselas» equilibrado también requiere un compromiso con la adaptabilidad y la inclusión. Las normativas deben ser revisadas periódicamente para garantizar que se mantengan relevantes y efectivas en un contexto global en constante evolución. Esto incluye el reconocimiento de las particularidades de los diferentes sistemas legales y socioeconómicos, promoviendo enfoques flexibles que respeten la diversidad sin comprometer los objetivos fundamentales de las regulaciones.

Finalmente, para consolidar su influencia global, la UE debe liderar con el ejemplo, demostrando que es posible equilibrar la protección de Derechos fundamentales, la sostenibilidad y la competitividad económica. Al adoptar un enfoque inclusivo y sostenible, la UE no solo refuerza su legitimidad como actor normativo global, sino que también establece un modelo inspirador para otras regiones y bloques internacionales, contribuyendo así a una gobernanza global más justa y colaborativa.

8.
BIBLIOGRAFÍA CONSULTADA

BOYLE A., «Climate change, the Paris Agreement and human rights», en *International & Comparative Law Quarterly*, 67(4), 2018, pp. 759-777.

BRADFORD, A., *The Brussels Effect: How the European Union Rules the World*, Oxford, Oxford University Press, 2020.

CHALMERS, D., DAVIES, G., MONTI, G., & HEYVAERT, V., *European Union law: text and materials*, Cambridge, Cambridge University Press, 2024.

CORTÉS MARTÍN, J. M., «El registro de DOP e IGP de la UE como paradigma del efecto Bruselas: algunas consideraciones en su XXX aniversario», en *Rev. Derecho Comunitario Eur.*, 75, 2023, pp. 11-31.

CRAIG, P., & DE BÚRCA, G., *EU Law: Text, Cases, and Materials*, 5ª ed. Oxford, Oxford University Press, 2011.

CRAWFORD JO, Maccalman L, Jackson CA., «The health and well-being of remote and mobile workers», Occup Med (Lond), 61(6), 2011, pp. 385-394.

DIXON, M., & MCCORQUODALE, R., *Cases and Materials on International Law*, 6ª ed. Oxford, 2011, Oxford University Press.

FACH GÓMEZ, K., «El Reglamento 44/2001 y los contratos de agencia comercial internacional: aspectos jurisdiccionales», en *Rev. Derecho Comunitario Eur.*, 14, 2003, pp. 181-222.

FEÁS, E., «La estrategia de política comercial de la UE y sus implicaciones para España», en *ARI Real Instituto Elcano*, 79, 2021.

GASCÓN MARCÉN, A., «El Reglamento General de Protección de Datos como modelo de las recientes propuestas de legislación digital europea», *Cuadernos de Derecho Transnacional*, Vol. 13 (2), 2021, pp. 209-232, disponible en: https://e-revistas.uc3m.es/index.php/CDT/article/view/6256/5033.

GASCÓN MARCÉN A., «The extraterritorial application of European Union Data Protection Law», en *Spanish Yearbook of International Law*, 23, pp. 413-425.

GUINEA IBÁÑEZ, O., «La autonomía estratégica abierta: nuevas herramientas para un mundo geopolítico», en *ICE*, n° 930, 2023, pp. 71-83.

GUTIÉRREZ GARCÍA E., *Inteligencia artificial y Derechos fundamentales. Hacia una convivencia en la era digital,* Editorial Colex, A Coruña, 2024.

HESS, B. «La reforma del reglamento Bruselas I bis. Posibilidades y perspectivas», en *Cuadernos de Derecho Transnacional*, 14(1), 2022, pp. 10-24.

HORNKOHL, L., «The Extraterritorial Application of Statutes and Regulations in EU Law», en *Max Planck Institute Luxembourg for Procedural Law Research Paper Series*, (1), 2022.

JIMENA QUESADA, L., «La consagración de los Derechos fundamentales: de principios generales a texto fundacional de la Unión Europea». *Cuadernos Europeos de Deusto*, 50, (2014), 173-197.

KACZOROWSKA, A., *The Extraterritorial Effect of EU Law*, Hart Publishing, Oxford, 2013.

KUYPER J, SCHROEDER H, LINNÉR B-O. The evolution of the UNFCCC. *Annual Review of Environment and Resources*. 2018;43(1):343-368.

MEADOWS DH, MEADOWS DL, RANDERS J, BEHRENS III WW, *The Limits to Growth: A Report for the Club of Rome's Project on the Predicament of Mankind*, Universe Books, New York, 1972.

MONTI G. The global reach of EU competition law. En: Dover R., Frosini J. (editores), *EU Law Beyond EU Borders: The Extraterritorial Reach of EU Law*, Oxford Academic, Oxford 2019, pp. 174-196.

ORÓ MARTÍNEZ, C., «El artículo 5.1.b) del Reglamento Bruselas I: examen crítico de la jurisprudencia reciente del Tribunal de Justicia», en *InDret*, Barcelona, 2013.

ORTEGA GIMÉNEZ A., ÁLVAREZ RODRÍGUEZ A., Cremades García P., Reche Tello N., Heredia Sánchez L.S., et al., «Algunos problemas jurídicos actuales sobre el teletrabajo transfronterizo», en *Diario LA LEY*, 12 de enero de 2023, pp. 1-18.

ORTEGA GIMÉNEZ A., *Código Universitario de Derecho Internacional Privado. Tomos I y II*, Boletín Oficial del Estado, Madrid, 2023.

ORTEGA GIMÉNEZ A., *El intercambio de datos de carácter personal como paradigma de desarrollo de una economía global. Desde la óptica del Derecho internacional privado*, Monografía, Editorial Thomson Reuters Aranzadi, Cizur Menor (Navarra), 2022.

ORTEGA GIMÉNEZ A., *El nuevo régimen jurídico de la Unión Europea para las empresas en materia de protección de datos de carácter personal*, Thomson Reuters Aranzadi, Cizur Menor (Navarra), 2017.

ORTEGA GIMÉNEZ A., *Transferencias Internacionales de Datos de Carácter Personal Ilícitas*, Thomson Reuters Aranzadi, Cizur Menor, Navarra, 2017.

PAPAKOSTANTINOU V, DE HERT P., «Post GDPR EU laws and their GDPR mimesis. DGA, DSA, DMA and the EU regulation of AI», en *Eur. Law Blog*, 2021

PINTOS SANTIAGO, J., «El resurgimiento de los principios generales y los Derechos fundamentales en el nuevo Derecho de la Unión Europea», en *Rev. Jurídica Castilla-La Mancha*, 57, 2015, pp. 203-239.

REICH N., «The extraterritorial application of European Union law: A case study of the EU merger control regulation», en *Common Market Law Review*, 49(3), 2012, pp. 805-837.

RENDA A., *Artificial Intelligence: Ethics, governance and policy challenges. Report of a CEPS Task Force*, Centre for European Policy Studies, Brussels, 2019.

RIBERA MARTÍNEZ, A., «La senda del efecto Bruselas en la DMA en Latinoamérica», en *Lat. Am. Law Rev.*, 11, 2023, pp. 93-110.

SCHÜTZE, R., «The extraterritorial effects of EU law: A Concept in Search of Limits», en *Oxford Journal of Legal Studies*, 31(4), 2011, pp. 669-695.

SELIN, H., & VANDEVEER, S., D. *European Union and Environmental Governance*, Routledge, London, 2015.

SHAW, M. N., *International Law*. 8ª ed., Cambridge University Press, Cambridge, 2017.

SVANTESSON, D., «European Union Claims of Jurisdiction over the Internet – an Analysis of Three Recent Key Developments», en *Journal of Intellectual Property, Information Technology and E-Commerce Law,* vol. 9, nº 2, 2018, pp. 113-125.

TAYLOR, M., «The EU's Human Rights Obligations in Relation to Its Data Protection Laws With Extraterritorial Effect», en *Int. Data Priv. Law*, 5(4), 2015, pp. 246-256.

WESSEL, R. A., *The European Union and the WTO: Legal and constitutional issues*, Oxford University Press, Oxford, 2011.

YAÑEZ S., «El teletrabajo y las transferencias internacionales de datos», en *LA LEY Privacidad*, 13, 2022, pp.1-5.

9.
JURISPRUDENCIA CONSULTADA

TJCE. Sentencia de 5 de febrero de 1963. Asunto 26/62: NV Algemene Transport -en Expeditie Ondernemig van Gend & Loos c/ Administración Fiscal neerlandesa. Rec. 1963, pp. 1-26.

TJCE. Sentencia de 21 de marzo de 1971. Asunto 22-70: Comisión de las Comunidades Europeas contra Consejo de las Comunidades Europeas. Rec. 1971, p. 263.

TJCE. Sentencia de 14 de julio de 1972. Asuntos acumulados 48/69 a 56/69 y 58/69 a 69/69: Imperial Chemical Industries Ltd. (ICI) contra Comisión Europea. Rec. 1972, pp. 619-709.

TJCE. Sentencia de 27 de septiembre de 1988. Asuntos acumulados 89, 104, 114, 116, 117 y 125 a 129/85: A. Ahlström Osakeyhtiö y otros contra Comisión de las Comunidades Europeas. Rec. 1988, p. 5193-5269.

TJCE. Sentencia de 11 de julio de 2002. Asunto C-60/00: Gerry Carpenter contra Secretary of State for the Home Departament. Rec. 2002, pp. I-6167-6199.

TJCE. Sentencia de 3 de septiembre de 2008. Asunto C-402/05 P y C-415/05 P: Yassin Abdullah Kadi y Al Barakaat International Foundation contra Consejo de la Unión Europea y Comisión de las Comunidades Europeas. Rec. 2008, p. I-6351.

TJCE. Sentencia de 13 de mayo de 2014. Asunto C-131/12: Google Spain SL, Google Inc. contra Agencia Española de Protección de Datos (AEPD) y Mario Costeja González. Rec. 2014, pp. I-3173.

TJCE. Sentencia de 6 de octubre de 2015. Asunto C-362/14: Maximillian Schrems contra Data Protection Commissioner. Rec. 2015, p. I-08002.

TJCE. Sentencia de 16 de julio de 2020. Asunto C-311/18: Data Protection Commissioner contra Facebook Ireland Ltd. y Maximillian Schrems. Rec. 2020, pp. I-5535.

Nota sobre el autor

ALFONSO ORTEGA GIMÉNEZ es Doctor Honoris Causa otorgado por la Universidad de San Lorenzo (UNISAL), 2024. **Doctor Honoris Causa** por la Universidad Autónoma San Sebastián de San Lorenzo-UASS, 2022; **Doctor Honoris Causa** por el Instituto Interamericano de Investigación y Docencia en Derechos humanos, en la Uniersidad Juárez Autónoma de Tabasco (México), 2021; **Doctor en Derecho**, 2014 (Calificación: Sobresaliente *Cum Laude* por unanimidad); Premio extraordinario de Doctorado, 2018; Licenciado en Derecho, 2000; y, **Master en Comercio Internacional** por la Universidad de Alicante, 2001.

Profesor Titular de Derecho internacional privado en la Universidad Miguel Hernández de Elche. Director del Observatorio Provincial de la Inmigración de Alicante. Vicedecano de Grado en Derecho de la Facultad de Ciencias Sociales y Jurídicas de Elche. Director del Máster Universitario en Abogacía de la Universidad Miguel Hernández (UMH) de Elche, desde el curso académico 2021/2022. **Director de la Cátedra de Relaciones Privadas Internacionales UMH-ICAO de la Universidad Miguel Hernández de Elche**, desde marzo de 2022. También es **Magistrado Suplente de la Audiencia Provincial de Castellón** desde 2022; **Académico de Honor de la Academia Internacional de Ciencias, Tecnología, Educación y Humanidades**, desde 2018; **Vocal del Observatorio Valenciano de la Inmigración** (Resolución de 09 de abril de 2010, del Presidente del Observatorio Valenciano de la Inmigración, Conseller de Solidaritat y Ciudadania de la Generalitat Valenciana); **Docente homologado, con carácter definitivo, por ICEX España Exportación e Inversiones**, en Madrid (España), a fecha 29 de mayo de 2024; y, **Profesor en el Programa de Doctorado en Creación Artística de la Universidad Miguel Hernández de Elche**, impartido en la Facultad de Bellas Artes de Altea, desde el año 2024.

Es Consultor de Derecho internacional privado de la Universitat Oberta de Catalunya (UOC), desde el segundo semestre del curso académico 2008/2009, y **Consejero académico del despacho de Abogados ARA Y ASOCIADOS, con** sede principal en Alicante y oficinas en Murcia, Madrid y Beijing (China) y de la Asesoría GRUPO ASESOR ROS, con sede en Elche.

Tiene **reconocidos por la CNEAI tres Sexenios de Investigación correspondientes al tramo 2002-2007 (Fecha concesión: 23/10/19), al tramo 2009-2017 (Fecha concesión: 21/06/18)**, al **tramo 2018-2023 (Fecha concesión: 09/05/2024)** y al **tramo 2018-2023 (Fecha concesión: 9/05/24)**. Reconocido también, en su día, un Sexenio de Investigación correspondiente al tramo 2010-2016 por la AVAP (Fecha concesión: 18/01/18).

Miembro de la Asociación para la Docencia e Innovación en Derecho (Ludoteca Jurídica), desde julio de 2021. Miembro de la Asociación de Política Exterior Española. Miembro de la Asociación de Derecho del Arte (ADA). Miembro de Número del Capítulo Reino de España, otorgado por la Academia Norte-Americana de Literatura Moderna Internacional y por la Junta Directiva del Estado de New Jersey (EE.UU.). Miembro del ELI (*European Law Institute*). Miembro de la Red Española de Política Social-REPS. Miembro de la Sociedad Latinoamericana de Derecho internacional-SLADI. Miembro de la Asociación Americana de Derecho internacional Privado-ASADIP. Miembro de número de la Asociación Española de Profesores de Derecho internacional y Relaciones Internacionales-AEPDIRI; Miembro de la Asociación Española para el Fomento de la Seguridad de la Información-ISMS Forum Spain; Ha sido Vicepresidente de la Asociación del Master en Comercio Internacional de la Universidad de Alicante-AMCI hasta julio 2018; Miembro de la Asociación Española para el Estudio del Derecho Europeo-AEDEUR; Miembro de la Asociación Castellano-Manchega de Sociología-ACMS. Miembro de la Asociación Española de Derecho del Entretenimiento-DENAE. Miembro del Instituto de Derecho Iberoamericano-IDIBE.

Ha recibido numerosos premios en docencia e investigación: Nominado a los Premios EDUCA ABANCA Mejor Docente de España 2024 en la categoría de UNIVERSIDAD tras haber sido propuesto/a por su alumnado y seleccionado/a por el Comité de Baremación del Certamen. El evento está organizado por la plataforma educativa EDUCA en colaboración con la fundación ABANCA Obra Social. El certamen ha recibido un total de 1908 propuestas de toda España. Los premios buscan reconocer la buena praxis docente en todas las etapas educativas de todos los centros públicos y privados que imparten titulaciones oficiales, en A Coruña, a 30 de septiembre de 2024. Visitante ilustre por su honorable visita de impacto previsto en la comunidad de la Universidad de San Lorenzo (UNISAL), en Paraguay, a 21 de junio de 2024. Mención de reconocimiento DOCENTE DESTACADO por su loable, abnegada e inspiradora trayectoria como docente en Educación Superior trascendiendo en su andar como ejemplo de calidad educativa, en la Universidad de San Lorenzo (UNISAL)- Paraguay, a 19 de junio de 2024. Premio UMH al Talento Docente para el año 2023, dentro de la rama académica de CIENCIAS SOCIALES, JURIDICAS Y HUMANIDADES por Resolución Rectoral N.º 03610/2023, de fecha 04 de diciembre de 2023, según las bases para la concesión de los Premios al Talento Docente en el marco del Programa Docentia-UMH, aprobadas por Consejo de Gobierno de la Universidad Miguel Hernández de Elche en sesión de 25 de enero de 2023, en Elche, a 4 de diciembre de 2023. Certificado de calidad docente EXCELENTE, valoración final obtenida en el proceso de evaluación de las actividades docentes desarrolladas en el periodo curso inicial 2018/2019 – curso final 2021/2022, realizado de acuerdo con los criterios y procedimientos establecidos en el PROGAMA DOCENTIA-UMH, evaluado positivamente por la ANECA, con fecha 27 de febrero de 2013, en la Universidad Miguel Hernández de Elche, a 30 de noviembre de 2023. Visitante Ilustre de la Universidad San Lorenzo (UNISAL), otorgado por el Consejo Académico mediante Resolución N. ° 110/2022-CSU, en Paraguay, a 5 de diciembre de 2022. Premio «INSTITUTO VASCO DE DERE-CHO PROCESAL» de Artículos Doctrinales sobre el fomento del estudio del Derecho Procesal, en su XII Edición por el trabajo inédito titulado «Resolución de problemas de competencia judicial internacional y de determinación de la ley aplicable en materia de derechos reales en España», en San Sebastián (País Vasco), 11 de octubre de 2022. Premio en la convocatoria de «Premios UMH al Talento Docente» para el año 2021, dentro de la rama académica de Ciencias Sociales, Jurídicas y Humanidades, por Resolución Rectoral nº 04858/21, de fecha 23 de noviembre de 2021, en el marco del PROGRAMA DOCENTIA-UMH, aprobadas por el Consejo de Gobierno de la Universidad Miguel Hernández de Elche, en sesión de 14 de diciembre de 2020, en Elche, a 02 de diciembre de 2021. Ganador *ex-aequo* en la categoría «Aula responde» del XVIII del Certamen Innova-Emprende de la Universidad Miguel Hernández de Elche, en Elche, a 1 de julio de 2021. Premio en el I Certamen de Artículos Jurídicos Breves del Derecho del Entretenimiento y Tecnologías de la información, organizado por la Asociación Española de Derecho del Entretenimiento —DENAE—, por el artículo «Los «contratos inteligentes» (Smart Contracts) ni son «contratos» ni son «inteligentes», en Madrid, a 24 de junio de 2020. Premio «Instituto Vasco de Derecho Procesal» en su IX Edición, por el trabajo «La alegación y prueba del Derecho extranjero tras la nueva Ley de Cooperación Jurídica Internacional», en Donostia – San Sebastián, a 29 de noviembre de 2019. Cruz al Mérito, en virtud de su destacada y meritoria labor académica y científica profesional, acordado por la Junta de Gobierno de la Academia Internacional de Ciencias, Tecnología, Educación y Humanidades, en Valencia, a 9 de noviembre de 2019. Reconocimiento al Mérito Universitario, en virtud de su destacada y meritoria labor académica y científica profesional, acordado por la Junta de Gobierno de la Academia Internacional de Ciencias, Tecnología, Educación y Humanidades, en Valencia, a 9 de noviembre de 2019. Premio a la excelencia en la práctica jurídica de Economist & Jurist, en Madrid, 3 de diciembre de 2018. Premio UMH 2018 a la Productividad Investigadora, otorgado por el Vicerrector de Investigación e Innovación de la Universidad Miguel Hernández de Elche. Premio UMH 2017 a la Productividad Investigadora, otorgado por el Consejo de Gobierno de la Universidad Miguel Hernández de Elche. Premio «Investigación» en la modalidad de «Jóvenes Investigadores» 2017. Premio UMH al Talento Docente 2017. Premio «Investigación» en la modalidad de «Jóvenes Investigadores» 2016. Premio UMH 2016 a la Productividad Investigadora. Premio a la excelencia en la Práctica Jurídica de ISDE 2016. Premio Joven Investigador por el Consejo Social de la Universidad Miguel Hernández de Elche (XII edición). Premio al profesional de Comercio exterior del año 2016, otorgado por la Asociación Española de Profesionales de Comercio Exterior a las empresas (ACOCEX) y BANKIA. Premio «INSTITUTO VASCO DE DERECHO PROCESAL» en su V Edición (Premio de Artículos Doctrinales sobre el fomento del estudio del Derecho Procesal), en el año 2015. Premio UMH 2015 a la productividad investigadora. Premio UMH 2014 a la productividad investigadora. Premio Santander al mejor Ensayo Corto convocado por la Red Cátedra Santander de Responsabilidad Social Corporativa (Convocatoria 2015). Primer accésit de la XII edición del Premio de Ensayo Breve de la Asociación Castellano-Manchega de Sociología «Fermín Caballero»; V Premio Jurídico Internacional Instituto Superior de Derecho y Economía (ISDE); Accésit en la categoría de «Investigación» de la XVIII edición de los «Premios de Protección de Datos 2014» de la Agencia Española de Protección de Datos. Búho de oro al mejor profesor del Curso 2013/2014 de la Escuela Superior de Marketing (ESUMA). Premio UMH al Talento Docente, años 2014, 2017 y 2019.

Ponente habitual en numerosos cursos organizados en España y en el extranjero en materia de Derecho internacional privado, Derecho de la nacionalidad, Derecho de extranjería, Derecho del comercio internacional, Contratación internacional y Protección de datos de carácter personal, entre otros. Ha dirigido infinidad de TFG y TFM y cuatro Tesis doctorales.

Autor de diferentes artículos, notas, recensiones y comentarios relacionados con dichas materias publicados en Revistas científicas, técnicas y de divulgación, españolas y extranjeras; **ha participado, como autor, coautor, director y/o coordinador en más de 265 libros.**